조영래

사람을 사랑한 변호사

지은이 신지영

시, 동화, 청소년 소설, 논픽션 등 다양한 분야의 책을 활발하게 집필하고 있습니다. 푸른문학상의 '새로운 작가상'과 '새로운 평론가상'을 각각 수상했으며, 《너구리 판사 풍풍이》로 창비 좋은어린이책 기획부문에서 수상했습니다. 펴낸 책으로 《짜구 할매 손녀가 왔다》《배려의 여왕이 할 말 있대》《내 친구는 슈퍼스타》《퍼펙트 아이돌 클럽》《넌 아직 몰라도 돼》들이 있습니다.

그린이 권용득

남들 일할 때 놀고, 남들 잘 때 깨어 있는 만화가입니다. 평범한 사람들의 보잘것없는 이야기를 좋아합니다. 각종 책과 매체에 그림을 그리고 글도 씁니다. 만화책 《영순이 내 사랑》《예쁜 여자》와 에세이 《하나같이 다들 제멋대로》를 펴냈습니다. 《우리 학교 앞 전설의 컵볶이》《빨간약》 등에 단편만화를 실었습니다.

한겨레 인물탐구 · 14

조영래 사람을 사랑한 변호사

ⓒ 신지영, 권용득 2017

초판 1쇄 발행 2017년 10월 26일 | **4쇄 발행** 2023년 4월 10일

지은이 신지영 | **그린이** 권용득
펴낸이 이상훈 | **편집인** 김수영 | **본부장** 정진항 | **편집** 한겨레아이들 | **디자인** 골무
마케팅 김한성 조재성 박신영 김효진 김애린 오민정 | **사업지원** 정혜진 엄세영
펴낸곳 (주)한겨레엔 | **주소** 서울시 마포구 창전로 70 (신수동) 화수목빌딩 5층
전화 02-6383-1602~3 | **팩스** 02-6383-1610
홈페이지 www.hanibook.co.kr | **이메일** book@hanien.co.kr
출판등록 2006년 1월 4일 제313-2006-00003호

ISBN 979-11-6040-827-0 74990
　　　 978-89-8431-366-8 (세트)

· 값은 뒤표지에 있습니다.
· 이 책의 일부 또는 전부를 재사용하려면 반드시 저작권자와 (주)한겨레엔 양측의 동의를 얻어야 합니다.
· KC마크는 이 제품이 공통안전기준에 적합하였음을 의미합니다.
⚠ 책 모서리에 다치지 않게 주의하세요.

조영래
사람을 사랑한 변호사

신지영 글 | 권용득 그림

한겨레아이들

| 지은이의 말 |

조영래는 누구일까요?

　여기 사람 좋게 웃고 있는 한 남자가 있습니다. 흔히 볼 수 있는 평범한 아저씨의 모습이지요? 꾸밈없이 소탈한 모습이 참 친근해 보이네요. 격이 없이 편안해 보이는 사무실도 누구에게나 열려 있는 듯 보이고요. 누구나 저곳에서 저런 웃음을 마주한다면 마음속 깊은 곳에 있는 말까지 꺼낼 수 있을 것 같아요.

　소박하게 웃고 있는 저 남자가 바로 조영래예요. 서울대학교 법과대학을 수석으로 입학하는가 하면, 어려운 사법시험도 단번에 붙은 똑똑한 사람이지요. 그는 변호사가 되어서 우리나라 사법 역사에 이정표가 된 많은 사건들을 맡았고, 또 승리를 이끌어 냈어요. 하지만 그런 일들이 남들이 부러워할 만한 재산이나 명예를 가져다주진 않았어요. 대신 어려움에 처한 많은 사람들이 대가 없이 그의 도움을 받았지요.

조영래가 마음만 먹었다면 남들이 부러워할 만큼 돈도 많이 벌고, 남들보다 높은 곳에서 권력을 휘두르며 살았을 거예요. 하지만 그렇게 하지 않았지요. 그가 생각하는 행복한 삶이란 그런 게 아니었으니까요. 조영래는 바르고 옳은 삶을 묵묵히 일구어 나갔어요.

조영래가 어떻게 살았는지 궁금하지 않나요? 그가 생각한 바르고 옳은 삶이란 어떤 것이었을까요? 지금 우리는 조영래의 삶에서 어떤 가치를 발견할 수 있을까요? 각자가 생각하는 행복한 삶과 견주면서 조영래의 삶 속으로 들어가 봐요.

차례

지은이의 말 4

1. 공부가 힘이 된 시절
가난에서 벗어나려면 11
공부를 해야 하는 이유 16
학교는 뒷전이던 법대생 23

2. 멀고 먼 사회 정의의 길
산속으로 들어가다 31
어느 노동자의 삶과 죽음 35
내가 무엇을 할 수 있을까 44
검사 시보에서 변호사로 51

3. 약자의 편에 선 인권 변호사

작은 권리들의 항변 – 망원동 수재 사건　59

가사노동의 가치 – 여성조기정년제 철폐 사건　71

진실의 힘 – 부천경찰서 성고문 사건　84

검은 민들레 – 상봉동 진폐증 사건　97

4. 마지막 나날들

미국에서 만난 인권　115

떠나간 자리　120

조영래의 삶이 우리에게 준 것들　126

가난에서 벗어나려면

조영래는 1947년 대구에서 태어났어요. 7남매 중 넷째였죠. 그 무렵 한국은 역사상 가장 혼란스러운 시기를 지나고 있었어요. 오랜 기간 우리 민족을 괴롭혔던 일본으로부터 다시 나라를 찾은 지 얼마 되지 않았는데, 곧바로 한민족이 남과 북으로 갈려 전 국토를 폐허로 만든 한국전쟁이 터졌어요.

3년이나 계속된 전쟁으로 많은 사람이 죽고 나라의 산업 시설은 파괴되었어요. 사람들의 생활은 너 나 할 것 없이 무척 어려워졌지요. 지방에 살던 사람들은 먹고살기 위해 서울로 올라갔어요. 그나마 서울은 사람들이 많았기 때문에 일자리가 있었거든요. 영래네 가족도 처지는 비슷했어요.

영래의 아버지는 기름을 만들어 공공기관이나 군대에 납품하는 작은 공장을 운영하고 있었어요. 처음에는 그럭저럭 돈을 모았지요. 하지만 전쟁이 끝나자 사정이 달라졌어요. 물건 대금이 잘 들어오지 않았고, 결국 얼마 못 가 공장은 문을 닫고 말았어요. 가족의 생계가 막막해지자 아버지는 걱정이었어요. 한숨만 쉬며 고민하던 아버지는 결국 일자리를 구하기 위해 큰 결심을 했어요.

"이렇게 가만히 있다가는 가족 모두 거리로 나앉아 굶어 죽겠소.

내 서울로 가서 할 일이 있는지 알아보리다. 설마 그 사람 많은 곳에 나 하나 일할 곳이 없겠소."

그렇게 아버지가 떠나자 대구에 남은 식구들은 힘든 나날을 보내야 했어요. 먹을 게 없어서 굶을 때도 많았지요. 자식들이 굶는 걸 보다 못한 어머니가 친정에 음식을 구하러 가기도 했어요. 그럴 때면 고등학생이던 큰누나가 엄마 대신 어린 동생들을 돌보곤 했지요.

얼마 뒤 아버지에게서 기다리던 연락이 왔어요.

"내 간신히 서울에 자리를 잡았소. 아직 가족이 모두 서울로 오기는 힘들지만 그래도 큰 애랑 영래, 성래는 여기서 데리고 살 수 있을 것 같구려."

"가족이 다 함께 살 수 없어 서운하지만, 이 힘들 때 그게 어디예요. 내 얼른 준비해서 애들을 올려 보낼게요. 고생했어요."

그렇게 해서 조영래는 고향 대구를 떠나게 되었어요. 누나, 동생, 아버지와 함께 서울살

영래(맨 왼쪽 앞줄) 위로 누나가 셋이었고 남동생 둘과 여동생이 하나 있었습니다.

이를 시작한 거예요. 하지만 서울에 와서도 가난한 것은 마찬가지였어요. 서울은 만만한 곳이 아니었거든요. 그때 막 대학에 입학한 큰 누나는 생각이 깊은 사람이었어요. 누나는 가난에서 벗어나려면 공부를 열심히 해야 한다고 생각했어요.

"사람은 배워야 해. 아는 게 없으면 남이 시키는 대로 할 수밖에 없어. 그게 좋은 일인지 나쁜 일인지 모르고 그저 남의 손발 노릇을 해야 하는 거야. 스스로가 생각할 수 있어야 하고 세상을 볼 수 있어야 해. 그래야 제대로 된 사람이 될 수 있어."

누나는 때로는 엄하게 때로는 달래 가면서 동생들에게 공부를 시켰어요.

큰누나의 노력 때문인지 영래의 성적은 금방 서울 아이들을 따라잡았어요. 아니, 따라잡은 정도가 아니었어요. 다른 아이들보다 훨씬 앞서게 되었지요. 덕분에 서울에서 가장 공부를 잘하는 학생들이

모인다는 경기중학교에 입학할 수 있었어요.

"저, 경기중학교 시험에 붙었어요!"

"그렇게 열심히 하더니 장하구나!"

영래도 가족들도 고생한 보람을 느낄 수 있었어요. 때마침 아버지 사업도 형편이 조금 나아져, 좀 더 큰 집으로 이사할 수 있었어요. 드디어 온 가족이 함께 모여 살게 되었지요.

"이렇게 다시 함께 살게 되다니 꿈만 같아요. 앞으로 다시는 떨어져서 지내지 말아요."

"암, 그래야지! 가족들 더 고생시키지 않기 위해서 내 앞으로 더 열심히 일하리다."

비록 방 두 칸짜리 집에 아홉 식구가 복작대며 살았지만, 뿔뿔이 떨어져 지낼 때보다 백배는 좋았어요. 어느새 철이 든 영래는 자기 또래인 집주인 자녀들의 공부를 도와주면서 용돈을 벌기도 했지요.

공부를 해야 하는 이유

영래는 중학교에 입학하면서부터 공부뿐 아니라 사회에서 벌어지는 일에도 관심을 가지게 되었어요. 신문을 보다가 우리 사회의 여러 가지 문제나 자기 잇속만 챙기는 나쁜 정치가들에 대해 나오면 동생에게 이렇게 말하기도 했어요.

"정치를 잘못하면 국민들이 모두 고생을 하게 돼. 열심히 일만 하는 순진한 사람들이 피해를 보는 거지. 세상이 어지러운 건 다 이런 정치가들 때문이야."

또 영래는 가끔씩 뒷산에 있는 절을 찾아가 머리를 식혔어요. 그곳에서 스님들과 이야기를 나누면서요.

"사람은 세상에 왜 태어났나요?"

"세상에서 고통받는 사람들을 도와주어야 하는 것이 사람의 할 일입니다. 그것이 곧 자비의 정신이지요. 그 자비를 실천하는 것이 진정한 삶의 목적이라고 할 수 있습니다."

영래의 물음에 주지스님은 자신의 지혜를 들려주었어요. 이때부터 영래는 세상 사람들이 고통을 겪지 않고 모두 행복했으면 좋겠다는 생각을 가졌어요. 영래가 절에 놀러 올 때마다 스님은 틈틈이 한문이나 불경도 가르쳐 주었어요. 학교에서 배울 수 없는 것들이었지

요. 스님은 영래에게 또 다른 스승님이었어요.

영래는 수시로 절에 다녔지만 학교 공부도 소홀히 하지 않았어요. 덕분에 무난히 경기고등학교에 진학할 수 있었어요. 경기고등학교도 경기중학교와 마찬가지로 서울에서 공부를 가장 잘하는 학생들이 모이는 학교였어요. 그래서 우스갯소리로 경기고등학교 학생들을 가리켜 '공부 선수'라고도 했지요. 하지만 조영래는 경기고등학교 학생들이 공부만 할 것이 아니라 사회 문제에도 관심을 가져야 한다고 생각했어요.

"그저 혼자 잘 먹고 잘 살기 위해 공부를 하는 건 옳지 않아. 공부를 하는 진정한 목적은 내가 배운 지식으로 모든 사람을 행복하게 만드는 데 있어."

당시 우리나라는 육군 소장이던 박정희가 쿠데타를 일으켜 4·19 혁명 이후 세워진 민주 정부를 전복한 지 얼마 안 되었을 때였어요. 군사정부는 자기들의 정권을 안정시키기 위해 여러 가지 계획을 세웠어요. 그중 하나가 한일협정이었어요. 우리나라를 오랫동안 강제로 점령했던 일본을 용서하고 그 대가로 일본에게 돈을 받기로 한 조약이었지요. 이것은 제대로 된 협정이 아니었어요. 하지만 군사정권은 한시라도 빨리 돈을 얻기 위해서 일본이 제시하는 조건을 너무나 쉽게 받아들였어요. 아직 일본이 입힌 상처가 제대로 아물지 않은 국민들이 화가 나는 건 당연한 일이었죠.

한일협정이란 1965년에 대한민국과 일본 사이에서 맺은 조약을 말해. 이 조약은 오랜 기간 이어진 일본의 강제적인 식민 지배로 사이가 좋지 않던 두 나라가 다시 사이좋게 지내자는 내용을 담고 있어. 하지만 그러기 위해서는 잘못에 대한 진실한 사과와 피해를 끼친 것에 대한 정당한 손해 배상이 필요하겠지. 하지만 당장 돈이 급했던 박정희 정부는 일본의 제대로 된 사과와 배상도 없이 일본에게 유리한 협정을 맺었지. 협정을 맺기 위한 모든 절차는 졸속으로

처리해 버렸어. 그 이후 한국이 일본에 배상을 청구할 수 있는 권리는 공식적으로 사라졌단다.

사회 문제에 관심이 많은 조영래는 가만히 있을 수 없었어요. 고등학생 신분이었지만 친구들을 설득하여 굴욕적인 한일협정 예비회담 반대 시위에 나섰어요.

"너희들 이렇게 책상 앞에 앉아서 기계처럼 공부만 할 거야? 지금 나라에서 어떤 일이 벌어지고 있는지 알잖아. 오랫동안 강제로 지배를 당한 것도 억울한데 보상과 사과마저 제대로 받지 못한다면 이

한일회담을 반대하는 경기고등학교 학생들.
'제2의 한일합방 결사반대'라고 쓰인 현수막이 학생들의 절실한 마음을 보여 줍니다.

건 앞으로 영원히 씻을 수 없는 상처가 될 거야. 우리가 이렇게 가만히 있으면 안 돼!"

"그래, 영래 말이 맞아. 우리가 이러고 있으면 그저 몇몇의 이득대로만 나라가 움직일 거야."

"우리도 나가서 우리의 생각을 알리자. 잘못된 것은 잘못됐다고 말하는 거야!"

많은 학생들이 거리로 나섰어요. 당시로선 최초의 대규모 학생

시위였지요. 영래는 맨앞에서 친구들을 이끌며 시위를 주도했어요.

영래는 그 밖에도 여러 분야에 관심을 가졌어요. 사람들이 점점 대도시로 떠나 인구가 줄어드는 농촌의 현실을 공부하는 농촌연구반이나, 말을 조리 있게 하는 법을 익히는 변론반에서 활동하는가 하면 영자 신문반, 영어 성경 공부반, 불교학생회도 기웃거렸어요. 한시를 짓거나 그림 그리는 데도 소질이 있었지요. 영래의 관심은 학문과 종교, 예술을 넘나들었어요.

그러다가 대학 입시가 다가오자 영래는 드디어 가고 싶은 대학을 정했어요. 서울대학교 법과대학이었지요.

"아무런 계획 없이 그저 사람들을 돕겠다는 생각은 아무 의미 없어. 난 힘없고 약한 사람들을 제대로 돕고 싶어. 그러기 위해선 사회와 사람들을 규율하고 있는 법을 공부하는 것이 좋겠어. 법을 알면 내가 원하는 일을 할 수 있을 거야."

대학 입학시험이 다가오자 영래는 정말 열심히 공부했어요. 그동안 여러 가지 활동을 하느라고, 공부만 했던 다른 친구들에 비해 공부가 부족했거든요. 게다가 집안 형편이 여전히 어려웠기 때문에 장학금을 받아야만 대학에 갈 수 있었어요. 그러니 합격 가능한 점수보다 훨씬 높은 점수를 받아야 했어요.

마침내 시험 당일이 되었어요. 시험을 마친 영래의 마음은 무거웠어요. 꼭 좋은 성적을 받아야 된다는 부담감을 떨치지 못하고 시험에서 실수를 했기 때문이에요.

"어떡하지. 실수를 해 버렸어. 대학을 떨어지면 앞으로 난 뭘 해야 하지."

장학금은커녕 합격도 못할 거라는 생각에 걱정이 앞섰어요. 하지만 시험 결과는 전전긍긍하던 영래의 생각과는 전혀 달랐어요.

'서울대학교 전체 수석 조영래.'

대학교 합격자 발표를 보도하는 신문에 커다란 글씨로 영래의 수석 소식이 인쇄되어 있었거든요.

학교는 뒷전이던 법대생

대학을 수석으로 입학했지만 사회의 정의와 힘없는 사람들을 위해 싸우겠다는 영래의 생각은 달라지지 않았어요. 영래는 신입생 신분으로 시위에 참가했어요. 고등학생 때부터 반대해 오던 한일협정이 굴욕적으로 체결되었기 때문이에요. 덕분에 영래는 입학하자마자 퇴학을 당할 뻔했지요.

"이런 문제아는 학교에서 쫓아내 버려야 합니다! 앞으로 두고두고 속을 썩일 거예요!"

"무슨 소립니까. 이 학생은 우리 대학을 수석으로 들어온 인재입니다. 절대 그렇게 할 수 없어요."

"정 그러면 다른 처벌이라도 내리십시오! 앞으로는 쓸데없는 행동 못하도록 경고라도 하란 말입니다."

영래는 다행히 자신을 아끼던 학과장 덕분에 퇴학은 면하게 되었어요. 대신 근신을 당했지요. 그렇게 해도 자신의 뜻을 굽히진 않았어요. 오히려 전국 각지에서 올라온 새로운 친구들을 만나면서 우리 사회의 문제점들을 더욱 깊숙이 공부했어요. 이때 만난 친구 중 하나가 장기표예요. 그 뒤로 장기표는 조영래의 평생 친구이자 민주화 운동을 함께한 동지가 되지요.

영래가 2학년이 되던 해, 삼성 기업이 사카린을 시멘트로 속이고 몰래 수입하여 돈을 번 사건이 벌어졌어요. 영래는 또다시 친구들과 시위에 나섰어요. 이번에는 학과장도 영래를 도울 수 없었어요. 영래와 친구들은 정학 처분을 받았어요. 하지만 영래의 의지는 꺾이지 않았어요. 계속해서 시위에 참가했지요.

시위를 할 때면 학생들은 홍보물이나 선언문을 만들어 시민들에게 나누어 주었어요. 왜 시위를 하는지, 우리 사회에 어떤 문제가 있는지 낱낱이 밝혀 쓴 글이었죠. 그것을 쓰는 것은 거의 다 영래의 몫

이었어요. 어린 시절부터 독서와 사색을 즐겼던 영래는 논리적이고 설득력 있는 글을 아주 잘 썼어요.

> 사카린은 설탕의 300배 단맛을 내는 인공 감미료야. 설탕이 부족하던 시절 대용품으로 사용되면서 큰 인기를 얻은 식품이었어. 당시 삼성 그룹은 세금을 내지 않고 더 큰 이익을 얻기 위해 사카린을 비롯한 여러 공업 원료를 몰래 수입했는데, 박정희 군사정부는 대가를 받고 그것을 눈감아 주었어. 군사정부는 당시 재벌과 정부의 유착 관계를 단절하겠다고 했는데, 이 사건은 그런 말이 앞뒤가 맞지 않는다는 것을 보여 주었지. 국민들은 크게 반발했단다.

사카린 밀수 사건에서 보듯이 당시 우리나라 상황은 매우 어지러웠어요. 박정희 군사정부는 재벌에게 특혜를 주며 뒤를 봐주었을 뿐 아니라, 지속적으로 정권을 잡기 위해 국회의원 선거에서 부정까지 저질렀어요. 거기에다가 대통령을 두 번만 할 수 있다는 법을 고쳐 세 번까지 가능하게 만들어 독재를 하려고 했지요. 영래를 비롯한 대학생들은 계속해서 시위를 할 수밖에 없었어요.

어렵게 들어간 대학교에서 근신과 정학을 당하자 부모님을 비롯한 주변 사람들은 영래의 미래를 걱정하기 시작했어요. 사람들은 영래에게 다른 일에 신경 쓰는 것보다 사법 시험을 준비해서 얼른 법관이 되는 것이 낫다고 설득했지요.

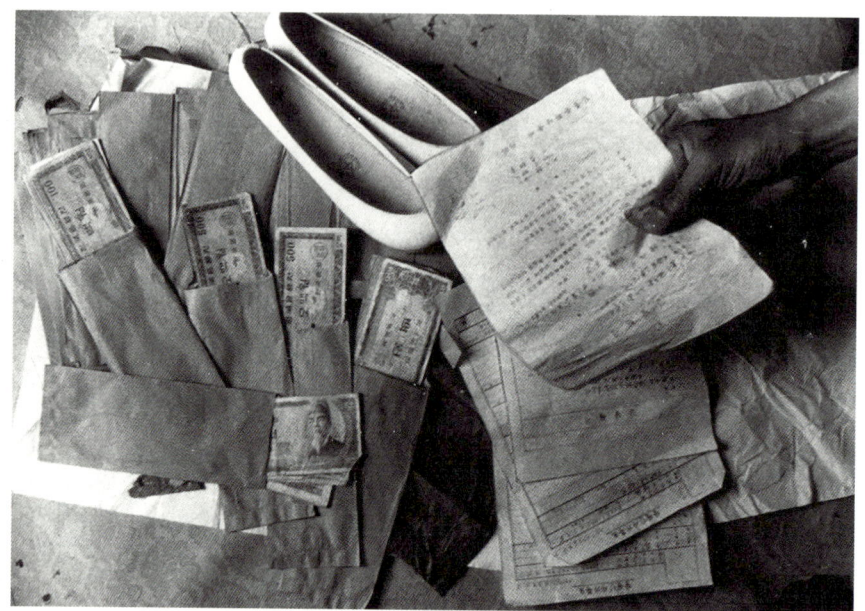
7대 국회의원 선거에서 적발된 돈 봉투와 고무신. 당시 선거는 '고무신 선거', '금권선거' 등으로 불릴 정도였어요.

"어떻게 공부해서 간 대학인데 이렇게 시간을 보내는 거냐."

"정 그렇게 뭔가를 하고 싶으면 얼른 사법 시험에 합격해라. 그래서 어려운 사람도 돕고, 하고 싶은 일도 해!"

그럴 때면 영래는 이렇게 답했어요.

"세상에는 때가 있는 거예요. 지금 하지 않으면 이미 늦어 버리는 일이 있는 거라고요. 세상이 이렇게 엉망인데 어떻게 공부만 하고 있겠어요. 우린 비록 학생이지만, 잘못된 것은 잘못됐다고 말해야 해요. 그래야 아버지, 어머니처럼 고생스럽게 일만 하는 많은 국민들이 피해를 보지 않죠."

1967년 6월 8일은 7대 국회의원을 뽑는 총선거가 있는 날이었어. 당시 군사정부는 이 국회의원 총선거가 자신들의 기회라고 생각했어. 그 전까지는 한 사람이 세 번 이상 대통령을 할 수 없도록 헌법에 규정되어 있었거든. 그 법을 고치기로 한 거야. 그러려면 선거에서 반드시 이겨야만 했어. 그들은 중립을 지켜야 할 정부 조직을 동원하고 금품을 뿌리는 한편 공개 투표, 대리 투표 같은 대대적인 부정 선거를 저지르고 말았어. 당시 야당과 시민들은 부정 선거에

항의하여 시위를 일으켰지. 하지만 박정희 정권은 결국 7대 국회에서 삼선개헌을 통과시키고 영구 독재를 꾀했단다.

영래는 세상이 어지러운데 가만히 있는 것은 도리가 아니라는 말로 오히려 주변 사람들을 설득했어요. 사람들은 그런 영래에게 더 이상 할 말이 없었어요. 당연한 일이었죠. 영래의 말은 틀린 게 하나도 없었으니까요. 그렇게 영래는 대학 시절 내내 군사정권에 저항하며 지냈어요. 책상 앞에 얌전히 앉아 움직이지 않는 글자를 읽는 것보다는 사회 개혁을 위해 움직이고 힘쓰던 학생이었지요.

산속으로 들어가다

대학 졸업을 앞둔 조영래는 장래를 고민하기 시작했어요. 학교를 다니는 동안 공부는 신경 쓰지 못했으니 당장 할 수 있는 일이 별로 없었어요.

"학생으로서 내가 사회를 위해 할 수 있는 일은 최선을 다해서 했어. 하지만 이제 졸업을 하면 난 무엇을 해야 하지? 내가 잘할 수 있는 일은 뭐가 있을까? 시간이 걸리더라도 생각해 내야 해. 분명히 있을 거야……."

오랜 고민과 생각 끝에 조영래는 마침내 사법 시험을 준비하기로 마음을 정했어요.

"그래, 법으로 힘없는 사람들을 도와야겠어. 많은 사람들이 법을 두려워하기만 하고 잘 알지 못해. 그들을 돕는 게 내가 잘할 수 있는 일이야."

하지만 그 결정은 친구들을 놀라게 했어요. 당시 조영래의 친구들은 사법 시험을 준비하는 것은 출세를 하기 위해 다른 사람들의 고통을 외면하는 것으로 여겼거든요.

"영래 네가 어떻게 이럴 수 있어? 그렇게 남들 위에 서고 싶어?"
"너도 별수 없구나. 이제 출세하고 싶은 거야?"

"하긴 그 좋은 머리로 공부하면 금방이라도 되겠지. 이젠 편하게 잘살고 싶어진 거야!"

조영래는 마음이 아팠어요. 모두 진심을 몰라주고 오해를 했으니까요. 하지만 그는 꿋꿋하게 마음을 다잡았어요. 스스로를 믿었기 때문에 가능한 일이었죠. 조영래는 우리나라를 좀 더 효과적으로 바꾸기 위해서는 사회에 기반이 있어야 한다고 생각했어요.

"배고픈 사람에게 밥을 주는 건 쉬워. 그냥 불쌍한 마음만으로도 가능하니까. 하지만 그렇게 해서는 우리 사회가 절대 바뀌지 않을 거야. 좀 더 구조적으로 바꿔 나가야 해. 어렵고 힘든 사람들을 위한 최소한의 제도나 기반이 필요해. 그러기 위해서라도 난 꼭 시험에 합격할 거야."

마음을 굳힌 조영래는 사법 시험을 준비하기 위해 깊은 산속에 있는 절로 들어갔어요.

"그래 이곳이면 다른 것에 마음 뺏기지 않고 최선을 다해 집중할 수 있을 거 같아!"

사법 시험은 공부를 잘하는 사람들에게도 매우 어려운 시험이었어요. 사람을 만나지 않고 오랫동안 마음을 다잡고 공부해야 했어요. 그래서 깊은 산속의 절을 택한 것이지요. 하지만 조영래의 결심은 그리 오래가지 못했어요. 그의 마음을 아프게 한 사건이 일어났거든요. 평화시장 노동자 전태일의 분신 사건이었어요.

동대문 평화시장은 예전부터 봉제 공장이 많이 모여 있는 곳이에요. 당시 그곳에는 나이 어린 노동자들이 열악한 환경에서 힘겹게 일하고 있었지요. 그러던 중에 전태일이라는 젊은 청년이 자신의 몸에 불을 붙이는 일이 발생한 거예요. 전태일은 불이 붙은 몸으로 "노동자도 사람이다. 근로기준법을 준수하라."라고 외치며 쓰러졌어요. 조영래는 친구인 장기표로부터 그 소식을 듣고 온몸에 번개를 맞은 것처럼 큰 충격을 받았어요.

평화시장 재단사 전태일은 자신의 죽음으로
노동자들의 비참한 현실을 세상에 알리고자 했어요.

전태일이 일하던 평화시장은 옷과 신발을 만들고 파는 수백 개의 작은 공장과 가게들이 밀집되어 있는 곳이었어. 아직 십대인 어린 소녀들이 돈을 벌기 위해 햇빛도 들지 않는 비좁은 지하실에서 하루에 18시간씩 일하고 있었지. 제대로 쉬지도 못하고 사방이 막힌 곳에서 일하다 보니 폐렴 같은 큰 병을 얻기도 하고 심지어 목숨을 잃기도 했어. 하지만 그들을 고용한 사장들은 눈 하나 깜짝하지 않았단다. 병원비도 주지 않고 내쫓기 일쑤였지. 그런 환경에서라도 일을 하겠다는 사람들이 넘쳐났으니까 말이야.

전태일은 이런 현실을 바꾸기 위해 사장에게 항의도 해 보고 사람을 모아 대책도 세웠지. 하지만 그때마다 돌아온 건 해고 통지였어. 전태일은 최후의 수단으로 노동자를 보호할 의무가 있는 정부 기관에 하소연해 보았지만 정부는 오히려 사장들 편을 들었지. 벼랑 끝에 선 심정이 된 전태일은 마지막으로 그가 할 수 있는 가장 슬픈 일을 하기로 결정했어. 자신의 죽음으로 지금 노동자들이 겪고 있는 비참한 현실을 세상에 알려야겠다고 생각한 거야.

어느 노동자의 삶과 죽음

　　조영래는 그 길로 절 문을 박차고 나와 전태일의 시신이 있는 병원으로 향했어요. 슬픔에 온 마음이 무겁게 젖었어요. 조영래의 마음을 더욱 찢어지게 한 것은 전태일의 일기 한 부분이었어요.

　　"근로기준법을 가르쳐 줄 대학생 친구가 한 명이라도 있었으면……."

　　조영래는 온몸이 부들부들 떨려 왔어요. 터져 나오는 눈물을 참을 수 없었지요. 자신이 그 친구가 되어 주지 못한 게 한스럽고 미안했어요. 조영래는 전태일의 죽음을 이렇게 헛되이 내버려 둘 수 없다고 생각했어요. 병원에서 장기표가 전태일의 가족을 위로하는 동안, 조영래는 학교로 돌아가 법대와 상대, 문리대 등을 돌며 여러 학생들을 만나 전태일을 이대로 보낼 수 없다고 설득했어요.

　　"그 젊은 청년이 방법을 찾다 찾다 결국 자기 몸에 불을 붙였습니다. 우리는 그동안 무엇을 했습니까. 우리는 부끄러워해야 합니다. 그가 그렇게 갖고 싶었던 대학생 친구, 그것도 근로기준법을 가르쳐 줄 수 있었던 법대생 친구들이 우리 학교에는 널렸습니다. 하지만 우리는 그에게 아무것도 가르쳐 주지 못했습니다. 우리는 그 젊은 몸에 불을 붙여 근로기준법을 준수하라고 절규하던 순간까지 그 사실도

서울대학교 학생들은 전태일의 장례식을 손수 처러 주고 싶었어요. 대학생 친구가 있었으면 했던 전태일의 소원은 죽은 뒤에야 이루어졌지요.

몰랐으니까요."

마침내 서울대 학생들은 전태일의 장례식을 서울대 법대 학생장으로 치르기로 뜻을 모았어요. 생전에 대학생 친구를 사귀고 싶어 하던 전태일의 소원이 마지막으로 이루어진 셈이죠.

전태일의 죽음은 조영래의 마음을 굳게 해 주었어요. 막연하게만 생각하던 약하고 힘든 사람들의 모습이 너무나 생생하게 가슴 깊이 새겨졌기 때문이에요. 조영래는 독한 마음을 먹었어요. 누구보다도 집중해서 열심히 공부했지요.

"마음만 가지고는 아무도 도울 수 없어. 생각만 가지고도 아무도 도울 수 없어. 내 마음과 생각이 누군가를 실제로 도울 수 있으려면 사법 시험에 합격해야 해. 꼭 해내고야 말겠어."

조영래는 사회가 어지러운데 혼자서 계속 절의 구석방에 틀어박혀 공부하는 것이 자신에게 어울리지 않는다고 생각했어요. 한시라도 빨리 사법 시험에 합격해서 힘없고 약한 사람들을 돕고 싶었어요.

그렇게 공부한 지 몇 달이 흘렀어요. 조영래는 마침내 사법 시험에 합격했어요.

조영래가 평생의 반려자가 될 부인을 만난 것도 이때였어요. 어느 날 조영래는 신문에서 자신의 마음을 움직인 기고문을 발견했어요. 그 글은 전태일에 관한 이야기였어요. 글의 내용이 너무나 마음에 든 조영래는 가만히 있을 수가 없었어요. 바로 신문사에 글 쓴 사람의 주소를 물어 찾아갔어요. 그때 만나게 된 사람이 바로 이화여자대학교에 다니던 이옥경이었어요. 전태일에 관한 이야기를 나누던 두 사람은 여러 가지 면에서 서로 뜻이 맞는다는 것을 깨달았어요. 서로의 마음이 따뜻하게 겹쳐진 두 사람은 점점 친해졌어요.

모든 것이 잘 풀려 가는 것처럼 보일 때 조영래에게 날벼락 같은 일이 벌어졌어요. 그가 서울대학교 친구들과 함께 나라를 뒤엎으려는 음모를 꾸몄다며 체포된 거예요. 하지만 그건 사실이 아니었어요. 전부 박정희 정권이 꾸민 일이었어요. 그 무렵 박정희는 대통령 선거에서 온갖 부정을 저지르고도 김대중을 간신히 이겼어요. 그러자 박정희는 선거를 없애고 영원히 대통령을 하기 위해, 평소 눈엣가시였던 학생운동을 탄압하기 시작했어요. 불과 다섯 명이서 나라를 뒤엎는다는 것도 황당하지만, 그렇게 큰 죄를 저질렀는데도 불구하고 벌은 고작 18개월간 감옥에 있으라는 것이었지요.

1971년 대통령 선거에서는 삼선개헌을 통해 세 번째 대통령을 노리는 박정희와 그를 저지하기 위해 나선 김대중의 대결이 벌어졌어. 박정희는 당선을 위해 정치적으로 중립을 지켜야 할 공무원들을 선거에 동원하는가 하면, 어마어마한 금액을 선거에 쏟아붓기도 했어. 결국 아주 작은 차이로 박정희가 당선되었어. 이 결과에 위협을 느낀 박정희는 더 이상 대통령 선거 없이 영원한 집권을 해야겠다고 마음먹었지. 이것이 뒤에 이야기하게 될 '10월 유신'이야.

고문을 받고 억울하게 감옥에 갇힌 조영래는 더 이상 나라를 믿을 수 없었어요. 사법부도 마찬가지였어요. 어쩌면 자신이 몸 담고

조영래(맨 오른쪽)는 서울대생 내란예비음모 사건으로 재판을 받았어요.
중앙정보부는 '서울대생 4명과 사법연수원생 1명이 모의해 대한민국을 전복하려 했다'고 발표했지요.

일하게 될지도 모르는 곳이라고 생각하니 실망은 더욱 컸지요. 대학교에서 배운 대로라면 사법부는 정의를 수호하는 마지막 보루가 되어야 하지만 그들이 재판에서 보여 준 모습은 정권의 시종이나 다름없었어요.

"이럴 수는 없어. 내가 믿었던 법이 나를 배신하다니! 법이 아무리 잘 만들어져도 소용없어. 그것을 다루는 사람이 바르지 못하다면 그 법도 바르게 사용될 수 없어. 나는 절대 그런 법조인이 되지 않겠어."

감옥에 있는 동안 조영래는 절대로 그렇게 되지 않아야겠다는 다짐을 몇 번이나 했어요.

1972년 유신헌법 제정을 위한 국민투표에서 박정희 가족이 투표하는 모습. 총칼을 앞세운 막강한 권력 앞에서 국민 대다수는 찬성 표를 던졌어요.

형기를 마치고 감옥에서 나온 조영래의 눈에 비친 나라는 더욱 암울했어요. 군사정권이 영구적인 집권을 위해 대통령 선거를 없애고, 전국에 계엄령을 내려 정권에 반대되는 모든 행동을 금지시켰기 때문이에요. 이것을 '유신'이라고 해요. 그리고 유신에 반대하는 사람은 모두 잡아서 고문하거나 감옥에 가뒀어요.

아주 적은 표 차이로 당락이 결정된 1971년 대통령 선거 결과는 박정희의 간담을 서늘하게 했지. 게다가 뒤이은 8대 국회의원 선거에서도 야당의 의석이 지난 선거에 비해 늘어난 거야. 이대로 가다간 박정희가 다음 선거에서 이길 가능성은 없어 보였지. 독한 마음을 먹은 박정희 정권은 영구적인 독재를 위해 국회를 해산하고 자기들끼리 새로운 헌법을 만들었어. 그 내용은 대통령 직선제를 폐지하고, 국회의원의 3분의 1을 대통령이 간접적으로 지명하는 등 민주주의 국가에서는 도저히 생각할 수 없는 내용들이었지. 박정희는 총칼을 동원해 유신헌법에 대한 어떠한 반대 의견도 내지 못하게 했고, 반대하는 사람은 닥치는 대로 잡아 가두었어. 대통령 선거의 막강한 경쟁자였던 김대중을 납치해 바다에 빠트려 죽이려고도 했지. 한국의 민주주의는 완전한 암흑기에 접어들었어.

나라가 온통 거꾸로 가는 것을 지켜보던 조영래는 시인 김지하 등과 함께 유신에 반대하기로 마음먹었어요. 그렇게 만들어진 조직이 '전국 민주 청년 학생 총연맹'이라는 단체였어요. 조영래는 거기서 중요한 역할을 맡았어요. 당연히 군사정권은 이들을 그냥 내버려두지 않았지요. 조영래는 출소한 지 얼마 되지도 않아 다시 쫓기는 신세가 되었어요. 그때부터 무려 6년 동안이나 경찰의 눈을 피해 이곳저곳을 떠돌아다녔지요. 하지만 조영래는 그 긴 시간을 그냥 허비하지 않았어요. 자신의 삶에 큰 영향을 주었던 전태일의 삶과 생각을 세상에 알리기로 결심한 거예요.

"이렇게 아무것도 하지 않고 도망만 다닐 수는 없어. 내가 할 수 있는 걸 하자! 그래, 전태일 이야기를 쓰는 거야. 그가 어떻게 살았고, 어떻게 죽었는지 많은 사람들이 알아야 해!"

그렇게 조영래는 전태일에 관한 글을 쓰기 시작했어요. 전태일이 겪은 부당한 대우와 힘겨웠던 삶의 순간들을 되짚고 문장 하나하나

를 마음에 새기며 책을 써 내려갔죠. 이 책이 바로 한국 역사상 최초의 노동자 인물 평전인 《전태일 평전》이에요. 이 책은 더 나은 사회를 꿈꾼 수많은 사람들의 지침서가 되어 주었어요. 전에도 그랬고 앞으로도 한국 노동 역사상 가장 중요한 자리에 있을 책이지요.

지금 우리에게 《전태일 평전》으로 알려진 이 책은, 한국에서 출판되지 못하고 일본에서 먼저 출판되었어. 노동운동의 상징이 된 전태일이 사람들 입에 오르내리는 것을 박정희 정권이 가만두지 않았을 테니까. 덕분에 이 책의 지은이도 알려지지 않았지. 결국

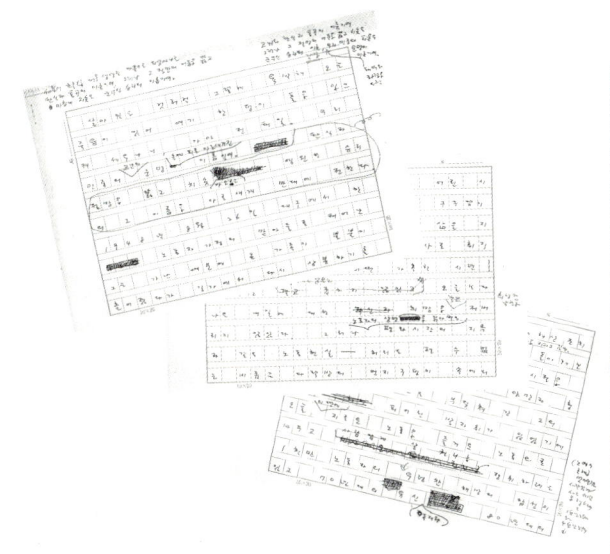 

조영래가 수배 시절 동안 쓴 '전태일 평전' 원고와 지은이가 밝혀지지 않은 채 출간된 책 표지.
조영래는 전태일의 삶과 죽음이 더 많은 사람들의 마음을 두드리길 바랐어요.

이 책은 쓰인 지 10년이 지나서야 지은이의 이름도 없이 《어느 청년 노동자의 삶과 죽음》이라는 제목으로 우리나라에 간신히 출판되었다다. 그리고 곧 전국 대학생들의 필독서가 되었지. 지은이가 조영래로 밝혀진 것은 그로부터 한참을 더 지나 조영래가 세상을 떠난 다음의 일이야.

조영래가 《전태일 평전》을 지으며 도피 생활을 하는 동안 한국 사회에 큰 사건이 일어났어요. 유신으로 영원한 독재를 할 것 같던 박정희가 술자리에서 부하 김재규의 총을 맞고 죽은 거예요.

내가 무엇을 할 수 있을까

　　오랜 세월 동안 국민의 인권과 자유를 억압했던 유신 군사정권이 무너졌어요. 얼어붙었던 얼음이 녹고 새싹이 돋아나는 봄이 우리 사회에 찾아온 것 같았죠.

　"이제 진정한 민주주의가 꽃필 수 있겠어요!"

　"앞으로는 하고 싶은 말을 마음껏 해도 잡혀가지 않는 건가요?"

　"그럼요! 자유롭게 해야죠. 억울하게 감옥에 갔던 사람들도 다 풀려나겠죠?"

　"양심을 속이지 않고 바른 소리를 해서 어두운 곳에 갇혔던 사람들이 얼른 다시 빛을 보았으면 좋겠군요."

　"네! 정말 존경받아 마땅한 분들이에요! 그동안 얼마나 고생이 많으셨을까요. 독재가 그 뿌리를 키워 세상을 온통 감쌌어도 그분들의 바른 입까지 막지는 못했죠."

　　정말 그랬어요. 사람들의 바람대로, 감옥에 갇혔던 많은 정치인들과 언론인들이 풀려났어요.

　"모두 그동안 고생 많으셨습니다."

　"고생이라니요. 할 수 있는 것을 했을 뿐입니다."

　"우리가 사는 세상인걸요. 당연히 우리가 지켜야지요. 누구를 위한 일도 아니었습니다. 바로 내 자신과 나의 가족 그리고 친구들을 위한 일이었어요."

정부를 비판하다 해직된 언론인들이 원래 자리로 복직되고, 교수와 대학생들도 다시 학교로 돌아갈 수 있었어요. 많은 사람들이 어두웠던 그늘을 벗어나 햇볕 속에 서 있는 따뜻함을 느낄 수 있었죠.

> 오랫동안 독재정치를 해 온 박정희가 죽자 민주주의를 열망하는 국민들의 목소리가 점점 크게 흘러나오기 시작했어. 야당 지도자들을 비롯한 대다수의 국민들은 당시 대통령의 권한을 이어받은 최규하에게 국민들의 인권을 탄압하는 유신헌법을 폐지하고 민주적 선거를 치르자고 요구했지. 최규하 정부는 이런 요구들을 받아들여, 박정희 정권 때 억울하게 감옥에 간 사람들을 풀어 주고 직장이나 학교로 다시 돌아갈 수 있게 해 주었어. 역사는 이 시기를 '서울의 봄'이라고 부른단다. 우리보다 먼저 비슷한 과정을 겪었던 체코슬로바키아의 '프라하의 봄'에 빗댄 거야. 추운 바람에 살을 에듯이 힘들었던 군사독재라는 겨울이 지나갔기 때문이지.

조영래에게 내려졌던 수배령이 풀어진 된 것도 이 시기예요.
"옥경 씨, 드디어 자유의 몸이 됐어요."
"네! 저도 소식 들었어요. 수배가 해제되다니, 정말 꿈만 같아요."
"이제 도망 다니지 않고 떳떳하게 옥경 씨와 손잡고 거리를 다닐 수 있어요."

"영래 씨 그동안 정말 고생 많았어요. 짓지도 않은 죄 때문에 고생했는데, 이제야 누명이 벗겨졌네요."

"그동안 나 때문에 더 고생했잖아요. 내 곁에 있어 줘서 정말 고마워요. 이제 우리 정식으로 결혼식을 올려요."

수배가 풀린 조영래는 남모르게 자신을 꼼꼼하게 챙겨 주던 부인 이옥경과 뒤늦은 결혼식을 올릴 수 있었어요. 그뿐이 아니었어요.

〈당시 TV 화면〉　　　　　〈당시 TV에는 안 나간 장면〉

자신의 미래가 있는 사법연수원으로 돌아갈 수 있게 되었지요. 사법시험에 합격하고도 법조인의 길을 갈 수 없었던 조영래에게 드디어 미래가 보이기 시작했어요.

"이제 다시 연수원으로 돌아가는 거야. 잘못된 판결 때문에 도망 다니던 나 같은 피해자가 또 생기지 않도록 열심히 법을 공부할 거야."

긴 시간이었어요. 10년이면 강산도 변한다는 말이 있잖아요. 조영래는 군사정권의 탄압을 받기 시작한 지 무려 10년이 지나서야 다시 일상으로 돌아오게 된 거예요. 조영래와 가족들은 이제 평범한 사람들처럼 행복하게 살아갈 수 있을 거라고 생각했어요.

하지만 그런 기쁨도 잠시였어요. 모두의 얼굴을 환하게 만든 '서울의 봄'이 짧게 지나가 버린 거예요. 한국은 다시 차가운 겨울 공화국으로 돌아가게 되어요. 박정희의 군인 시절 후배인 전두환이 군사반란을 일으켰기 때문이에요. 한국의 민주주의는 다시 탄압받기 시작했어요.

"이게 대체 무슨 일인가?"

"그러게 말입니다. 언 몸이 녹기도 전에 다시 겨울이 오다니요!"

"전처럼 세상을 다시 얼어붙게 해서는 안 됩니다. 혀까지 얼어붙어 하고 싶은 말도 못하는 세상은 충분히 겪었잖아요."

"이렇게 가만히 있으면 안 됩니다. 우리가 나서야 합니다."

"그래요. 가만히 있으란다고 가만히 있으면 우리는 헤어 나올 수 없는 깊은 곳까지 빠져 버릴 겁니다."

사람들은 다시 군사독재를 겪을 수 없다며 저항했죠. 그러나 전두환 일당이 광주에서 끔찍한 학살을 저지르고 전국 곳곳에 계엄령을 내려 사람들을 잡아가자 한국 사회는 다시 꽁꽁 얼어붙었어요.

사람들이 서울의 봄을 제대로 느끼기도 전에 전두환은 다시 군사 반란을 일으켜 총칼로 나라의 권력을 강탈했단다. 전두환은 민주화를 요구하던 사람들을 다시 잡아가기 시작했어. 사람들은 또

다시 군사독재를 겪을 수 없다며 전두환 정권에 반대하는 시위를 전국적으로 벌였어. 시위가 벌어진 곳 중에는 광주도 있었지. 시민들의 민주주의 요구가 거세지자 겁을 먹은 전두환은 계엄령을 선포하고 광주에 군대를 보내 시민들에게 총을 쏘게 했어. 국민을 지켜야 하는 군대가 거꾸로 국민에게 총을 겨눈 끔찍한 일이 벌어진 거야. 광주 시민들은 이에 대항했지만 전문적으로 훈련받은 군대를 이길 수는 없었어. 이 사건을 5.18광주민주화운동이라고 부른단다. 광주에서 수백 명의 사람들이 죽자 전국은 다시 공포로 물들었어. 전두환의 독재가 시작된 거야.

계엄군에게 강제 연행되는 광주 시민들. 계엄령은 시민들을 공포에 떨게 했어요. 대학교는 모두 문을 닫고, 총을 든 군인들이 도시 곳곳을 장악했지요.

"세상이 바뀌었다고 생각했는데, 그건 너무 큰 기대였을까? 다시 전처럼 돌아가 버렸군. 또 얼마나 많은 사람이 희생당해야 하는 걸까."

조영래는 나라의 어두운 현실에 크게 탄식할 수밖에 없었어요. 그동안 유신 독재 아래서 신음했던 사람들이 또다시 자유를 박탈당했으니까요.

"나는 앞으로 어떻게 살아야 하지? 뭘 할 수 있을까? 전처럼 도망 다니지 않고 세상을 위해서 할 수 있는 일이 있을까……. 우선은 지금 내가 할 수 있는 일을 열심히 하자."

앞일을 고민하던 조영래는 일단 다시 돌아온 사법연수원에서 자신이 할 수 있는 일에 최선을 다하기로 결심했어요.

검사 시보에서 변호사로

사법연수원은 사법 시험에 합격한 사람들이 법을 조금 더 여러 관점에서 깊이 바라볼 수 있게 도와주는 곳이에요. 이곳에서는 연수원생들이 정식 법조인이 되기 전에 판사와 검사, 변호사의 역할을 경험하게 하지요. 이 과정을 '시보'라고 해요.

조영래도 다른 연수생들처럼 시보를 거쳤어요. 조영래는 검사 시보를 맡았지요. 사건을 맡아 여러 증거를 모은 다음 죄를 지은 사람에게 벌을 주라고 요구하는 일이었어요. 조영래는 검사 시보 일을 하면서 삶에 큰 영향을 받은 다양한 경험을 했어요. 또 권력을 가진 이들이 사람들에게 얼마나 큰 영향을 끼치는지도 실감하게 되었죠. 죄를 지어 포승에 묶인 채로 검찰청에 불려 온 사람들은 모두 비슷했어요. 조영래 앞에서 비굴한 표정으로 울먹거렸죠.

"아이고 선생님, 무조건 잘못했습니다. 이번만 용서해 주십시오. 제가 먹고살기 위해 운전하다가 실수를 했습니다."

"제가 없으면 당장 아이들 학교 다닐 돈도 없습니다. 불쌍한 인생이라고 생각하고 선처해 주십시오. 다시는 잘못하지 않겠습니다."

아무 죄를 짓지 않은 가족들도 자식, 남편을 위해 눈물을 흘리며 빌었어요.

"이 애가 무슨 잘못이 있겠어요. 다 못 먹이고 못 가르친 부모 잘못입니다. 대신 저를 잡아가세요."

"남편이 잡혀가면 우리는 손가락만 빨고 살 판이에요. 부디 용서해 주세요."

조영래는 그들을 보며 마음이 아팠어요. 당장 생계가 막막한 부인과 어린이들도 있었고, 자신보다 나이가 많은 할아버지나 할머니들도 많았어요. 모두 조영래의 말 한마디에 벌벌 떨었지요. 검사 말 한마디에 그들의 인생이 송두리째 바뀔 수 있었으니까요.

조영래는 잡혀 온 사람들의 사연을 하나하나 들어 주었어요. 모두 어쩔 수 없는 사연들이 있었어요. 무리해서 일을 하다 실수로 교통사고를 내어 사람을 다치게 한 경우도 있었어요. 불우한 가정환경으로 제대로 된 교육을 받지 못하고 이리저리 떠돌다가 병원비를 내지 못해 남의 물건을 훔친 사람도 있었지요.

"이 사람들이 조금이라도 일을 더 하려고 무리하지 않았다면, 좋은 가정에서 태어나 잘 배우고 자랐다면 이런 죄를 짓고 여기까지 잡혀 오지 않았을지도 몰라."

조영래는 자기 앞에서 울먹거리는 사람들이 안쓰러웠어요. 물론 자신이 지은 죄에 책임을 지는 것은 당연한 일이었지요. 하지만 조영래는 생각했어요. 그 사람들이 지은 죄를 온전히 그 사람들에게만 물을 수 있는지를요. 범죄자를 잡아서 사회에서 격리시키는 것만이 능

사는 아니라는 생각이 들었어요. 가난하고 병든 사람에게 어떠한 도움도 주지 않으면서 그들 스스로 자립하라는 것이 과연 정당한 요구일까요?

"사람들은 법을 어려워하거나 차갑게만 생각하지만 결국 법이란 건 사람을 위해 만들어진 거야. 사람이 사람답게 살기 위해 누려야 하는 기본적인 것들을 법이 보호해 주고 있다고! 나는 법의 기본 정신을 무시하지 않겠어. 진정한 법의 가치를 찾고 말겠어."

조영래는 기계적으로 법을 적용하는 다른 검사들과는 달리, 가급적이면 사람들의 사정을 살폈어요. 그리고 사람들에게 최대한 가벼

게 벌을 주기 위해 노력했어요. 덕분에 자신보다 상관인 차장 검사나 부장 검사를 찾아다니며 쩔쩔매야 할 때도 많았어요. 하지만 자신이 고생하는 것은 아무렇지도 않았어요. 그렇게 해서라도, 진심으로 반성하고 사회에 나가면 다시 죄를 짓지 않겠다고 다짐하는 젊은 사람들의 장래를 지켜 주고 싶었어요.

"내가 자칫 잘못 판단하고 함부로 죄를 구형한다면 이 사람들의 인생은 돌이킬 수 없이 망가질 수도 있어. 나는 법 조항 몇 개를 적용하는 단순한 일을 하고 있는 게 아니야. 감정이 있고, 가정이 있고, 삶이 있는 사람의 인생에 관여하고 있는 거야. 최선을 다해서 그 사람의 인생을 살피고 사건을 들여다봐야 해."

조영래는 무조건 그 사람의 탓으로 돌릴 수 없는 단 한 번의 실수로, 소중한 인생이 아무렇게나 짓밟혀서는 안 된다고 생각했어요. 법을 달달 외워서 적용하는 게 다가 아니라고 믿은 거예요. 또 남보다 조금 더 많은 권력을 가지고 있다고 해서 다른 사람의 인생을 함부로 평가할 권리 같은 건 없다고 생각했어요.

"사람은 누구나 가능성을 가지고 있어. 그 사람과 나는 모두 평등한 사람들이야!"

검사 시보 시절 쓴 일기에는 조영래의 고민이 잘 드러나 있어요. 사람에 대한 믿음과 예의는 평생 동안 간직한 그의 신념이었지요.

지금까지 충분히 실천은 못하였으나 4개월 동안 내가 준행하려고 하는 제일보는 피의자 또는 참고인, 가족들에게 친절히 대하는 자세를 견지하는 것이다. 어떤 경우에라도 친절한 자세를 흐트리지 않도록, 어떤 경우에도 조금이라도 권력을 가진 자의 우월감을 나타내거나 상대방을 위축시키거나 비굴하게 만드는 일이 없도록.

사람을 사람으로 대접하지 않아도 좋다면, 혹은 사람을 사람으로 대접해서는 안 된다고 한다면, 인간성에 거는 우리의 모든 신뢰와 희망은 대체 어떻게 될 것인가.

마침내 사법연수원 과정을 모두 마친 조영래는 법조계에서 자신이 해야 할 일을 선택해야 했어요. 대부분의 동료들은 판사나 검사를 선택했어요. 하지만 조영래는 그들과 다른 선택을 했어요.

"누군가의 죄를 증명하고 판단하는 건 내 몫이 아니야. 난 가난해서 피해를 입고도 변호사를 구할 수 없는 사람이나 어렵고 힘들어서 어쩔 수 없이 죄를 지은 사람들, 죄를 짓지 않았는데 억울한 누명을 쓴 사람들을 돕고 싶어."

맞아요! 그가 선택한 길은 변호사였어요. 판사나 검사는 권력을 가지고 다른 사람에게 벌을 내려 달라고 요구하거나, 죄가 있는지 없는지를 판단해야 하는 직업이었어요. 하지만 변호사는 권력이 없는 사람들 옆에서 그들을 도와주는 역할을 할 수 있었죠. 조영래가 변호사를 택한 이유였어요.

사람을 추궁하기보다 사람을 보호하는 변호사의 길을 택한 조영래는 드디어 자신의 후배인 윤종현, 박석운과 함께 '시민 공익 법률 상담소'를 차리고 사회에 첫발을 내딛었어요. 힘없는 시민들을 도와주는 변호 업무를 통해 세상을 바꾸려는 조영래의 의지가 담긴 사무실 이름이었어요. 그리고 곧 '시민 공익 법률 상담소'의 이름에 걸맞은 최초의 사건을 맡게 돼요.

3. 약자의 편에 선 인권 변호사

작은 권리들의 항변
— 망원동 수재 사건

　1984년 9월의 첫날이었어요. 세상을 뜨겁게 달궜던 여름의 열기가 식어 가고 서늘한 바람이 불기 시작하던 날이었죠. 서울 망원동에 살던 사람들에게 악몽으로 기억되는 비가 내리기 시작했어요. 처음 비가 내렸을 때는 누구도 그 비가 사람들을 절망에 잠기게 할 거라고 생각하지 못했어요. 태풍이 몰고 온 비는 마치 하늘에 구멍이라도 뚫린 듯 끝없이 쏟아져 내렸지요. 당시 망원동에는 비가 많이 올 때를 대비해 만든 유수지가 있었어요. 유수지란 비가 많이 와서 한강의 수위가 높아지면 물을 저장해 홍수를 예방하는 역할을 하는 곳이에요. 유수지에는 수문이 달려 있는데, 이 문을 열었다 닫았다 하며 물의 양을 잘 조절해야 해요. 너무 많은 물을 모았다가 제때에 내보내지 못하면 순식간에 물이 넘쳐 유수지 주변을 물바다로 만들 위험이 있었지요.

　사람들은 라디오에서 귀를 떼지 못했어요. 태풍의 진행 상황과 한강의 수위가 어떻게 바뀌는지 귀 기울이며 긴장을 늦추지 않았지요. 다행히 비가 점차 잦아든다는 소식이 전해지자 주민들은 가슴을 쓸어내리며 안심을 했지요. 하지만 모두가 괜찮다고 믿던 그 순간 사고가 터지고야 말았어요. 망원동 유수지의 물을 관리하던 수문이 무너져 버린 거예요. 불어난 물의 양을 견디지 못한 탓이었죠. 유수지에 갇혀 있던 물은 한강물과 합쳐지면서 순식간에 망원동 주민들의 집을 덮치기 시작했어요. 처음에는 도로가 잠기더니 빗물은 어느새 사람들의 무릎을 넘어 안방까지 흘러들었어요.

"이게 어떻게 된 거야!"

"그러게요! 태풍이 세게 몰아칠 때도 아무 문제 없었는데 이게 무슨 일이래요!"

"이제 비도 잔잔해졌는데 이 물은 어디서 이렇게 쏟아져 들어오는 거야?"

예상치 못했던 상황에 사람들은 무엇을 해야 할지 몰라 당황했어요. 수문이 터지고 물이 한참이나 차오르고 나서야 뒤늦게 서울시에서 방송이 흘러 나왔어요.

"상황이 위험하니 주민들은 모두 높은 곳으로 대피하십시오."

수도 서울 한복판에서 무슨 물난리냐며 설마설마하던 주민들은 긴급히 높은 곳에 있는 학교로 대피했어요.

"중요한 물건들은 챙겨 가야 하는 거 아니에요?"

"지금 위험하다는데 그런 거 챙길 여유가 어디 있어!"

"하긴 나라에서 다 알아서 하겠죠. 우리 같은 사람들이야 시키는 대로 하면 되지."

대피 방송이 너무 늦은 바람에 주민들은 집안 살림살이까지 챙길 여유가 없었어요. 그저 몸만 빠져나오기 바빴지요. 대피소로 피한

1984년 망원동 수재 현장. 집과 버스가 물에 잠기고, 마을 주민들은 큰 피해를 입었어요.

주민들은 그제야 자신들이 살던 동네를 볼 수 있었어요. 참으로 믿기지 않는 모습이었어요. 애지중지했던 온갖 살림살이들이 주인을 잃은 채 둥실둥실 떠다니고 있었거든요. 대피소에 피신하고 얼마 뒤 마침내 비가 멈췄어요. 집과 재산이 삼켰던 물도 빠지기 시작하자 사람들은 하나둘씩 집으로 돌아갔어요.

간신히 돌아온 집은 이전과는 전혀 달랐어요. 오랫동안 물에 불어 있던 문짝이나 마루는 모두 뒤틀려 있었고, 값비싼 장롱과 전자제품들은 모두 물이 들어가 못쓰게 되었습니다. 하루 종일 힘들게 일하고 돌아오면 편안히 쉴 수 있는 집이 아니었어요. 가까운 사람들과의 추억이 담긴 사진첩도 모두 사라졌지요.

특히 지하층이나 반지하층에 살던 사람들은 아예 집 전체가 물

에 잠겨서 피해가 더 컸어요. 가뜩이나 가난한 살림에 그동안 모아온 전 재산이 물에 잠긴 것이지요.

    피해를 입은 주민들은 처참한 상황을 보고 울음을 터트리고 말았어요.

    "이제 어떻게 해요?"

    "나도 모르겠어. 집 안에 있던 모든 게 물에 잠겨서 못쓰게 됐으니 어쩌면 좋아."

"이 많은 걸 돈 주고 다시 살 수도 없고, 우린 이제 망했어요."

주민들은 어떻게 살아가야 할지 막막했어요. 피해를 입은 집은 무려 1만여 가구나 되었지요. 처음엔 그저 울고만 있던 주민들은 가슴에 울분이 차는 것을 느꼈어요. 마침내 화가 난 피해 주민들은 함께 모여 시청으로 달려갔어요. 서울시가 수문 관리만 잘 했으면 절대 이런 사건이 발생하지 않았을 거라고 주장했지요.

"유수지의 문을 관리한 건 서울시 아닙니까!"

"맞습니다! 서울시가 수문을 제대로 살폈더라면 우리들의 집이 물에 잠기는 일은 없었을 겁니다."

"아무 잘못도 없는 우리가 왜 피해를 봐야 합니까? 이건 서울시에서 책임져야 합니다!"

하지만 매정하게도 서울시의 답변은 한결같았어요.

"이번 홍수는 천재지변이라 사람의 힘으로는 어쩔 수 없는 사태였습니다. 그러므로 서울시의 책임은 없습니다."

천재지변이라는 핑계를 대며 발뺌하는 서울시 공무원들의 태도에 사람들은 답답했어요.

"우리가 뭘 잘못했다고 이런 일을 당해야 하지?"

"어쩔 수 없다면 다야? 나라에 책임이 없다는 게 말이 돼?"

"우리가 피해 본 건 어디 가서 보상받아야 하냐고?"

사람들은 억울했지만 뾰족한 수가 없었지요. 그도 그럴 것이 보통 국민이 피해를 당할 때 그 피해를 보호해 주는 것이 국가 기관인데 이렇게 책임을 지지 않겠다고 하니 달리 방법이 없었거든요. 주민들은 마지막으로 법에 호소하려 했어요.

"법은 만인 앞에 평등하다 했으니 법으로 해결합시다."

"그래요. 이제 우리가 기댈 곳은 법밖에 없어요."

"설마 법까지 우릴 모른 척하진 않겠지."

하지만 변호사들도 크게 다르지 않았어요. 천재지변을 가지고 국가와 다투어서는 이길 수 없다는 식으로 말했지요. 천재지변 말고 문제는 또 있었어요. 잘게 흩어진 피해자들을 한데 모아 소송을 하려면 소장을 각각 써야 했거든요. 일일이 소장을 작성하는 건 손이 많이 가고 매우 귀찮은 일이었기에 변호사들도 고개를 절레절레 저었던 거예요.

누구도 자신들의 편이 아니라는 걸 깨달은 피해 주민들은 점차 자포자기 상태가 되어 갔어요. 억울함에 속이 타 들어가면서도 국가에 책임을 묻는 일을 하나둘 포기하기 시작했지요.

그때 주민들 앞에 나타난 사람이 바로 조영래 변호사였어요. 국민을 보호하는 것이 국가의 역할인데도, 자연재해로 피해를 입은 국민들이 국가를 상대로 낸 소송에서 늘 국가 기관이 이기는 것이 마땅치 않았어요. 그래서 이번 사건을 통해 국가와 국민의 관계를 새로 만들고 싶었던 것이지요.

"저를 믿고 포기하지 말아 주십시오! 국민을 보호하는 건 국가의 당연한 역할입니다. 해마다 태풍으로 인한 피해가 큰 우리나라에서 미리미리 안전을 확인하지 않은 건 국가의 잘못이 분명합니다. 우리에게 분명 승산이 있습니다. 그러니 흩어지지 말고 한데로 모여 다시 한 번 힘을 내야 합니다!"

처음에 주민들은 조영래의 말을 외면했어요. 국민이 국가를 상대로 소송을 해서 이길 수 있다는 말이 믿기지 않았기 때문이죠. 또 소송을 하려면 비용도 많이 들 거라고 생각했거든요. 하지만 그날부터 조영래는 변호사 사무실 사무장이었던 박석운과 함께 망원동 수재민

들을 일일이 찾아다니며 설득을 했어요.

"어떻게 우리 같은 시민이 나라를 상대로 이깁니까!"

"우리도 할 만큼 다 해 봤습니다. 당신 빼고 다른 변호사들은 모두 승산이 없다고 했어요! 이제 와서 무슨 다른 수가 있다고 이러십니까?"

"그 소송이라는 거, 만약에 지면 재판하는 데 든 돈도 다 잃는 거 아닙니까! 우리같이 가난한 사람들이 그 돈마저 잃으면 정말 길바닥에 나앉습니다."

모두가 말도 안 된다고 했지만 조영래는 포기하지 않고 사람들을 설득했어요.

"아닙니다. 이제까지는 함께 뭉쳐 소송을 한 적이 없었기 때문에 불리했던 겁니다. 혼자서는 힘들어도 여럿이 힘을 합치면 분명 우리가 이길 겁니다. 제발 안 된다는 말부터 하지 마세요!"

사람들은 자신들의 처지를 진정으로 이해해 주는 조영래에게 차츰 마음을 열었어요. 처음으로 몇몇이 그에게 사건을 맡겼어요. 겨우 다섯 명에 불과했지만 조영래에게는 결코 적지 않은 숫자였지요. 이제 그들은 국가를 상대로 하는 긴 소송에 들어가게 됐습니다.

사실 망원동 수재 사건은 조영래에게도 매우 어려운 일이었어요. 법만 잘 알아서는 이길 수 없는 재판이었지요. 홍수가 났을 때 서울시가 잘못 대처했다는 것을 입증하려면 토목학, 수리역학, 콘크리트 기술에 대해서도 잘 알아야 했어요. 처음에 조영래는 그 방면의 전문가들을 찾아가 자기를 도와줄 수 있겠냐고 물었어요. 하지만 누구 하나 도와주는 사람이 없었어요. 대부분 국가 기관과 관련이 있거나 국가 기관이 주는 일을 맡아 하는 사람들이니, 국가의 편을 들 수밖에 없었지요. 망원동 주민들의 기대와 믿음을 짊어지고 있던 조영래는 포기할 수 없었어요. 도울 수 있는 전문가를 찾을 수 없다면 자신이 전문가가 되는 수밖에 없다고 생각했지요. 조영래는 그동안 한 번도 배운 적이 없는 건축 분야를 독학했어요. 매일 밤을 새며 책을 완전히 이해할 때까지 읽고 또 읽었어요.

1987년 8월 어느 날, 마침내 재판이 열리는 날이었어요. 소송을 맡긴 사람들은 걱정이 앞섰어요. 자신들을 생각하는 마음에 감동해 사건을 맡기긴 했지만 과연 젊은 변호사 혼자 나라를 상대할 수 있을까 불안했지요.

"변호사님 우리가 재판에서 이길 수 있을까요?"

조영래는 사람들의 손을 꼭 잡고 믿음직스럽게 웃어 보였어요.

"최선을 다하겠습니다. 우리가 이렇게 마음을 모았으니 분명 길이 있을 겁니다."

재판이 시작됐어요. 홍수를 방지할 책임이 있는 국가 기관인 서울시는 온갖 분야의 전문가들을 불러 세웠어요. 무려 다섯 시간 동안이나 어려운 이론을 들어 가며 자신들에게는 수재의 책임이 없다고 주장했지요. 이렇게 하면 관련 지식이 없는 조영래가 아무 말도 하지 못할 거라고 생각했을 거예요. 재판을 지켜보던 소송 당사자들은 손에 땀을 쥐었어요. 무슨 뜻인지도 모르는 어려운 용어들이 의기양양한 전문가들의 입에서 줄줄 나오자 괜히 의기소침해졌어요. 하지만 조영래는 그동안 공부한 것을 바탕으로 서울시의 주장을 하나하나 반박했어요. 그리고 서울시의 결정적인 잘못을 밝혀냈어요.

"서울시는 홍수로부터 시민들의 안전을 책임지고 유수지를 관리할 의무가 분명히 있습니다. 해마다 장마나 태풍이 오기 전에 미리미리 점검을 해야 하는 책임도 당연히 있습니다. 서울시는 시설 점검 업무를 제대로 했습니까?"

상대편 변호사가 어깨에 힘을 주고 대답했습니다.

"네, 서울시는 언제나 시민의 안전을 최우선으로 생각하기 때문에, 유수지도 사전 점검하고 있습니다."

조영래는 눈을 번쩍이며 이 순간을 놓치지 않았어요.

"그런데 왜 수문에 금이 가 있었던 것입니까? 제가 조사한 바로는 이번 태풍이 오기 전 유수지의 수문에 이미 금이 가 있었습니다. 때문에 비가 차오르자 빗물의 무게를 감당할 수가 없어서 수문이 무너져 버리고 만 것입니다."

서울시 쪽 변론을 맡은 변호사는 얼굴이 파랗게 변해 제대로 대꾸하지 못했어요. 법정에 앉아 있던 피해자들은 모두 속으로 환호성을 질렀습니다. 그동안의 억울함이 다 씻기는 듯했어요. 당황한 서울시는 전문가들과 함께 이리저리 변명을 해 댔지만 자료와 증거 조사

조영래 변호사가 망원동 주민들과 함께 국가 배상 신청서를 접수하는 모습. 이 사건은 국가를 상대로 낸 우리나라 최초의 집단 소송으로 기록되었어요.

를 충분히 한 조영래의 논리를 이겨 낼 수는 없었답니다.

결국 소송을 시작한 지 3년이 지난 1990년, 재판부는 망원동 수재 사건이 자연현상에 의한 천재지변이 아니라, 국가가 홍수 방지 의무를 소홀히 해 국민에게 피해를 준 것이므로 국가는 피해 주민들에게 보상해야 한다는 판결을 내립니다.

"그 말 들었나? 몇 년 전에 우리한테 소송하라고 설득하고 다니던 그 젊은 변호사 말이야. 아, 글쎄 그 변호사가 서울시를 상대로 이겼다지 뭔가!"

"정말요? 하긴 그 젊은 사람이 어찌나 강단이 있고 힘이 넘치던지, 이길 줄 알았어요."

"그럼 왜 그때 같이 소송하지 않았어?"

"지금이라도 하면 되죠. 우리도 그 변호사한테 가서 소송을 하자고요!"

국가에 책임이 있다는 판결이 내려지자, 이 사건을 유심히 지켜보던 다른 피해 주민들도 조영래에게 도움을 요청하기 시작했어요. 혼자서는 결코 감당할 수 없다고 생각한 수천 명의 사람들이 모여들었죠. 이 사건을 조금 더 체계적으로 정리할 필요가 생긴 조영래는 자신과 뜻을 같이하는 변호사들과 함께 변호인단을 조직하여 최종적으로 승리를 이끌어 냅니다.

불가능하게만 보였던 망원동 수재 피해 소송의 승리는 한국 사법 역사에 큰 의미를 가진단다. 국가 행정 업무가 국민들의 감시와 견제를 받아야 한다는 것을 처음으로 확인시켰기 때문이야. 또한 국가는 재난으로부터 국민을 안전하게 보호해야 할 의무가 있다는 것도 확인시켰지. 더욱 중요한 것은 쪼개지고 흩어져 있는 작은 권리들을 한데 모아 거대한 국가 권력에 공동으로 맞섰다는 거지.

국민들이 자신들의 권리를 포기하지 않고 대항한 우리나라 최초의 집단 소송이라는 점은 정말 의미가 있단다. 스스로 포기했던 권리를 되찾기 위해 여러 사람이 힘을 합쳤고 또 승리를 얻어 냈으니까 말이야. 이 사건 이후로 국가 기관은 업무를 수행할 때 국민의 안전과 생명을 더욱 신경 쓰게 되었어.

가사노동의 가치
― 여성조기정년제 철폐 사건

조영래가 망원동 수재 사건의 소송을 맡고 한창 건축 공부를 하고 있을 1985년 어느 날이었어요. 조영래에게 또 하나의 기가 막힌 이야기가 들려왔어요. 한 여성이 억울한 판결을 받은 재판 소식이었지요. 평범한 회사에 다니던 이경숙이란 여성이 있었어요. 이경숙은 교통사고를 당했는데, 다리를 심하게 다쳐 더 이상 회사를 다닐 수 없게 되었어요.

"난 최선을 다해 살았는데, 왜 나한테 이런 일이 생긴 거지? 이제 회사도 다니지 못하는데 난 뭘 해서 먹고살아야 하지?"

이경숙은 더 이상 회사를 다닐 수 없다는 사실이 너무나 슬펐어요. 매일 나가던 직장을 하루아침에 그만둬야 한다는 사실도 인정하기 힘들었어요. 하지만 슬퍼하고만 있을 수 없었어요. 누구보다도 열심히 일했던 만큼 자신의 능력에 대한 손해 배상을 받고 싶었어요. 그래서 이경숙은 자신에게 피해를 준 택시 회사를 상대로 손해배상 소송을 하기로 했어요. 사람이 평균적으로 일할 수 있는 55살까지의 임금을 배상해 달라는 내용의 재판을 신청한 거예요.

"난 누구보다도 열심히 일했어. 내가 다치지 않았더라면 할 수 있었던 노동의 가치를 보상받아야겠어."

하지만 그런 바람은 산산이 부서졌어요. 사건을 맡은 1심 재판부는 3,500만 원을 청구했던 이경숙에게 이해할 수 없는 법리를 적용해 846만 원만 받으라고 한 거예요. 판사의 이야기는 이랬어요. 여자는 보통 26살이면 결혼하여 회사에서 퇴직하므로 25살까지의 평균 임금만 배상하면 되고, 그 이후의 손해는 사회 최저 임금 수준인 가사 노동의 가치를 기준으로 배상해 주라는 거였어요. 이 판결은 이경숙뿐 아니라 대한민국의 많은 여성들에게 큰 충격을 주었어요. 판결대로라면, 여자는 26살쯤 결혼하면 더 이상 직장에서 일할 수 없을뿐더러, 날마다 가족을 위해 일하는 주부의 가사 노동 가치는 사회에서

가장 낮은 임금인 일당 4천 원으로 평가된다는 이야기였으니까요.

"이게 말이 돼? 여자는 26살 되면 다 결혼을 한다는 거야? 그럼 서른이 넘은 여자는 회사를 다녀도 하루 4천 원만 받으란 소리야?"

"집에서 가장 일찍 일어나 밥을 짓는 것도 나고, 야근하고 들어오는 남편을 위해 밥 차려 주고 남은 설거지까지 한 다음 가장 늦게 자는 것도 난데, 내가 하는 일이 고작 그 정도 가치밖에 안 된다는 거야?"

직장에 다니던 여성들도, 집에서 일하던 주부들도 모두 이해할 수 없는 판결에 분노했어요. 당사자인 이경숙은 더욱 기가 막혔지요.

"왜 여자와 남자를 차별하는 걸까? 내가 여자라고 남자보다 일을 못한 것도 아니고, 회사에서 맡은 일은 누구보다도 열심히 했어. 난 그저 내 가치에 대한 공평한 보상을 받고 싶었을 뿐인데, 어떻게 이런 판결이 나올 수 있지?"

신문에서 이 사건의 판결문을 본 조영래는 한숨을 쉬었어요.

"무슨 이런 황당한 판결이 다 있어!"

대한민국의 최고 법률인 헌법에도 남자와 여자는 평등하다고 되어 있어요. 하지만 실제 재판 결과는 전혀 달랐어요. 조영래는 미혼 여성이 결혼을 하면 당연히 직장을 퇴직하여 가사 노동에 종사해야 한다는 태도가 도무지 이해가 되지 않았어요. 당장 사법부만 해도 결혼을 한 여성 재판관이 있었는데 말이죠. 그뿐이 아니에요. 병원의 의사도 학교의 선생님도 결혼을 한다고 다니던 직장을 그만두는 사람은 거의 없었어요. 게다가 더 이해할 수 없는 건 주부의 가사 노동 가치에 대한 평가였어요. 객관적인 기준도 없이 사회에서 가장 낮은 수준의 임금을 매기다니, 그건 정말 가사 노동에 대한 그릇된 생각이라고 생각했어요.

조영래는 굳은 결심을 하고 이경숙에게 연락을 했어요.

"신문에서 이번 재판 결과를 보게 되었습니다. 얼마나 억울하십니까. 제가 이 사건을 맡겠습니다. 저와 함께 다시 한 번 소송을 하면 어떻겠습니까?"

하지만 이경숙은 충격과 실망으로 지칠 대로 지쳐 있었어요.

"벌써 판결이 난걸요. 다시 한다고 뭐가 달라지겠어요. 괜히 남 얘기 좋아하는 사람들 입에만 오르내리겠죠."

조영래는 안타까운 마음을 추스르며 다시 설득했어요.

"제가 무료로 변호를 하겠습니다. 부디 용기를 내 주십시오."

조영래는 이경숙에게 사건을 포기하지 말라고 부탁했어요. 사실 이경숙은 오랜 법정 싸움에 힘이 빠져 자포자기 상태였어요. 평범했던 여성이 갑자기 사고를 당해 크게 다치고, 거기에 재판까지 해 나가는 게 쉬운 일은 아니었죠. 그래서 항소를 포기하려는 마음까지 먹었던 거예요.

이경숙뿐만이 아니에요. 망원동 수재 사건에서도 그랬듯이 대부분의 사람들은 법이라고 하면 우선 어렵고 골치 아프게 생각했어요.

그래서 될 수 있으면 가까이하지 않으려 했죠. 또 우리 사회에는 뭐든지 좋게 좋게 해결하면 그만이라는 생각이 퍼져 있었어요. 서로 얼굴을 붉혀 가며 소송을 하는 것은 도덕적으로 올바르지 않다는 편견이 있었지요. 조영래가 1심 판결 후 소송을 포기하려 한 이경숙을 찾아가 간절히 설득한 것은 이런 편견을 깨고 싶었기 때문이에요.

"소송을 하는 것은 국민의 정당한 권리를 찾는 절차이지 결코 도덕적으로 문제가 있는 것이 아닙니다. 또 이 사건은 이경숙 씨 혼자만의 사건이 아닙니다. 이 나라 모든 여성들의 권리가 달려 있는 일입니다. 대한민국에서 일하는 모든 여성들의 문제라는 겁니다. 지금 이 판결에 승복하면 대한민국의 수많은 여성들의 가슴에 대못을 박

나는 그저 **사람 대접**을 바란 것뿐인데…

는 것과 같습니다. 저를 믿고 다시 한 번 용기를 내 주십시오."

 이전까지 전혀 알지 못했던 변호사가 찾아와 비용도 받지 않고 소송을 도와준다는 말에 이경숙은 깜짝 놀랐어요. 이미 한 번 판결이 난 사건인데도 포기하지 말고 함께 용기를 내자는 말도 고마웠어요. 모든 것을 포기하려던 이경숙은 결국 조영래의 설득에 마음을 움직였지요. 항소를 하기로 결정한 거예요.

 드디어 재판이 다시 시작됐어요. 조영래는 깊은 고민에 휩싸였어요. 이 사건의 핵심은 법의 논리나 해석의 문제가 아니었어요. 진짜 문제는 사회 곳곳에 뿌리 깊게 퍼져 있는 남녀 차별의 고정 관념이었어요. 조영래는 세상은 조금씩 바꾸어 나가야 하는 것이라고 생각했어요. 세상이 바뀌면 가치관도 바뀌고, 그에 따라 판결도 바뀌어야 한다는 것이 조영래의 믿음이었어요.

 "이번 사건은 사람들의 틀에 박힌 인식이 가장 큰 적이야. 그 틀을 깨려면 뭔가 새로운 게 필요해. 어떻게 해서든 그 틀을 깰 수 있는 시도가 필요해. 어떻게 하면 좋을까……. 그래 의견서야! 의견서를 먼저 제출해 보는 거야!"

 그렇게 우리나라 재판 사상 최초로 판결에 큰 영향을 미칠 수 있는 변호인 의견서가 법원에 제출되었어요. 이전까지 변호인의 의견은 최종 변론의 형태가 대부분이었어요. 그래서 대체로 판결 직전에 전해지곤 했지요. 그런데 그때는 이미 재판의 결론이 거의 다 나온 상태이기 때문에 판결에 큰 영향을 미치지 못했어요. 그래서 조영래는 생각을 바꿨어요. 의견서를 재판의 마지막 즈음이 아니라 시작도 하기 전에 제출한 거예요.

조영래는 재판부에 보내는 의견서를 통해 이 사건은 우리나라 여성 전체의 사회적 권익에 심각한 영향을 미치는 문제로 규정했어요. 결혼을 하면 여성은 무조건 퇴직을 한다고 생각하는 것과 여성의 가사 노동의 가치를 최하 수준으로 생각하는 것은 우리나라

이경숙의 이야기를 실은 신문 기사. 이경숙의 항소 재판은 당시 큰 화젯거리였습니다.

여성의 자존심과 긍지를 무너뜨리는 처사라고 주장했어요. 동시에 이 사건의 판결을 여성계뿐 아니라 온 사회가 주목하고 있다는 것을 법원에 경고했죠. 법원이 이 사건을 이전처럼 형식적으로 판결하지 말고 심사숙고하여 신중하게 판결하도록 압박한 거예요.

그뿐이 아니에요. 조영래는 항소를 준비하면서 그동안 여성의 권익을 위해 노력해 온 여성 단체에 많은 조언을 구했어요.

"이번에 이경숙 사건의 항소를 맡게 된 조영래라고 합니다. 여러분의 조언이 필요해 이렇게 연락드렸습니다."

"아! 저희도 이번 사건을 관심 있게 보고 있습니다. 정말 1심에서는 말도 안 되는 판결이 나왔어요. 저희가 힘닿는 데까지 도와 드리겠습니다."

"감사합니다. 서로 힘을 합치면 우리 사회에 널리 퍼져 있는 선입견을 지우고 여성의 노동 가치에 대한 평가를 제대로 받아 낼 수 있을 겁니다."

조영래와 함께한 여성 단체들은 이경숙 사건의 1심 판결에 분노하며 최선을 다해 도울 것을 약속했어요. 그들은 합동으로 여론 조사를 진행하는 한편, 세계 각국의 여성 권리에 대한 자료를 모아 재판부에 제출했어요. 그리고 이러한 노력이 차츰 세상에 알려지기 시작했어요. 그제야 재판부도 이 사건이 어떤 의미를 가지고 있는지 깨닫기 시작했어요. 2심 재판부는 이 사건을 보통의 손해 배상 사건과 달리 무려 일곱 번이나 회의를 했어요. 그리고 마침내 1986년 3월 4일, 서울고등법원이 판결을 내렸어요.

"원고는 비록 미혼 여성이지만 정년인 55세까지 근무하다가 퇴직할 수 있다."

드디어 재판부가 이경숙의 손을 들어 준 거지요.

"변호사님 덕분에 이 싸움에서 이길 수 있었어요."

"아닙니다. 전 그저 도왔을 뿐인걸요. 항소를 결정한 이경숙 씨의 용기와 많은 여성 단체들의 도움이 없었다면 이번 재판은 훨씬 힘들었을 겁니다. 그러니 이 승소는 우리 모두가 이뤄 낸 성과입니다."

이경숙 사건의 승리는 피해자인 이경숙뿐만 아니라 많은 여성들의 환호를 받았어요. 이 사건을 계기로 사회 곳곳에 뿌리 깊게 남아 있던 남녀 차별의 악습들이 하나둘씩 고쳐지는 계기가 되었죠. 그전까지는 말로만 남녀가 평등하다고 했지, 실제로는 사회 곳곳에서 여성들이 차별을 받고 있었거든요. 적어도 이제 법적으론 여성도 남성과 똑같이 결혼 뒤에도 평등하게 일하는 것이 당연하다고 여겨졌어요. 한 사람의 용기 있는 싸움이 다른 수많은 사람들의 권리를 회복시켜 준 것이지요.

세상의 주목을 받는 사건에서 잇달아 승소하자 조영래는 점점

여성 차별 정년 철폐를 위한 좌담회. 사회 곳곳에서 여성 차별을 없애기 위한 다양한 움직임이 일어났어요.

유명해졌어요. 법조계에서도 유명 인사가 되었고, 신문에서도 그의 이름이 오르내렸지요. 하지만 조영래의 삶은 이전과 크게 달라진 것이 없었어요. 변호사로서 돈을 많이 벌 수 있는 사건은 거의 맡지 않았기 때문이지요. 그는 늘 힘없고 가난한 사람들을 변호했어요.

전태일이 분신한 때로부터 한참이 지났지만, 노동 상황은 여전히 비참했어요. 대우어패럴은 옷을 만드는 회사였어요. 주로 미국에 수출하는 모피 코트를 만들었지요. 옷을 만들기 위해서는 기계를 움직여야 하는데, 이 기계들은 돌리면 돌릴수록 열이 발생했어요. 털이 수북하게 달린 겨울옷을 만들다 보니 먼지도 많이 생기고, 공장 안의 온도는 42도까지 올라갔어요. 에어컨도 없고 쉬는 시간도 적었지요.

일하는 사람들은 온몸에 땀이 차서 땀띠나 두드러기가 났어요. 몸을 병들게 하는 열악한 작업 환경에 견디다 못한 노동자들은 사람다운 대접을 요구하며 노동조합을 만들었어요. 하지만 회사의 대응은 참혹했어요. 노조 간부들을 해고하고 몇몇 노동자들에게 다가가 노조를 탈퇴하면 잘해 주겠다는 말로 노동자 사이를 이간질했지요. 노동 조건을 개선하기는커녕 오히려 더욱 괴롭힌 거예요. 노동자들이 견

디지 못하고 파업을 시도했어요. 하지만 경찰은 회사를 수사하지 않고 오히려 노동자들을 잡아갔어요.

> 잔혹한 노동 현실을 고발하며 분신한 전태일의 희생에도 불구하고 노동자들의 힘든 현실은 크게 바뀌지 않았어. 하지만 이대로 버틸 수 없다는 노동자들의 의지는 점차 강해지고 있었지. 그들은 세상을 바꾸려면 힘없는 사람들이 힘을 모아야 한다고 생각했어. 그렇게 만들어진 것이 노동자들의 모임인 노동조합이야. 당시 서울 구로 지역에 있던 대우어패럴에서 노동조합이 만들어지자, 그 주변에 있던 기업에서도 노동조합이 하나둘 생겨났지. 이들이 노동 조건 개선을 이야기하자, 불안을 느낀 전두환 정권은 노동조합 간부들을 구속했어. 이에 맞서 구로 지역의 노동조합들은 서로 힘을 모으기로 하고 우리나라 최초의 동맹 파업을 일으켰단다. 전두환 정권과 기업들은 노동자들을 강제로 해산했는데, 그 과정에서 수십 명이 구속되고, 수천 명이 해고되었지.

조영래는 당연히 이런 현실을 외면할 수 없었어요. 그는 의뢰인의 사정에 따라 무료나 최소한의 비용만 받고 노동자들의 변호를 맡았어요. 하지만 혼자 힘으로는 계속해서 벌어질 사건들을 모두 감당할 수 없다고 생각했어요. 그래서 뜻을 같이하는 변호사들을 모아 조직을 만들기로 했어요. 바로 '정의실천법조회'라는 단체였지요.

세월호 참사의 진상 규명을 요구하는 변호사들. 민변은 우리 사회의 정의 실현을 위해 여러 활동을 벌이고 있어요.

정의실천법조회(정법회)는 구로 동맹 파업 사건의 공동 변론을 계기로 몇몇 변호사들이 인권의 사각지대에서 신음하는 사람들에게 조금 더 조직적으로 법적 도움을 주기 위해 만든 변호사들의 모임이야. 이 모임에는 조영래를 비롯하여 홍성우, 이돈명, 조준희, 황인철, 한승헌 같은 변호사들이 참여하였고, 뒷날 정법회와 뜻을 같이하는 이양원, 이석태, 조용환, 백승헌 변호사 들이 중심이 된 청년변호사회와 합쳐져 '민주사회를 위한 변호사 모임(민변)'으로 확대돼. 민변은 창립할 때부터 정치적으로 중요한 사건과 시민들의 공익에 관한 사건들에 대해 변론을 하는 한편, 지금까지도 소외된 사람들의 인권을 보호하기 위해 노력하고 있어. 민변 출신 변호사로 잘 알려진 사람으로 16대 대통령을 지낸 노무현과 서울시장 박원순이 있어.

진실의 힘
– 부천경찰서 성고문 사건

정법회를 조직한 조영래는 약자와 고통받는 사람들을 위해 더욱 노력했어요.

"난 피해자인데 아무도 도와주질 않아요. 경찰한테 물어보니 변호사를 얻어야 한다는데, 그럴 돈이 어디 있어요. 하루 벌어 하루 먹기도 바쁜데……."

"그러면 정법회라는 곳을 찾아가 봐요. 양심 있는 변호사들이 모여서 우리같이 가난하고 힘없는 사람들을 도와준다더군요."

"세상에! 하늘이 무너져도 솟아날 구멍이 있다더니, 그런 고마운 곳도 있군요. 당장 찾아가 봐야겠어요."

힘든 처지에 놓인 사람들은 소문을 듣고 정법회를 찾았어요. 많은 사람들이, 이전까지는 생각하지도 못했던 법의 도움을 받게 되었지요. 돈이 없어서 변호사를 구할 수 없거나 법을 어렵게만 생각하고 멀리했던 사람들이 정법회 덕분에 자신들의 억울한 처지를 호소할 수 있었어요.

그렇게 바쁘게 지내던 1986년 6월 어느 날이었어요. 조영래에게 귀를 의심할 수밖에 없는 충격적인 소식이 들려왔어요. 경기도 부천의 한 공장에 위장 취업한 여대생이 경찰에게 성적으로 수치심을 느끼는 고문을 당했다는 이야기였어요.

"어떻게 이런 일이 사람들이 믿고 의지하는 법 안에서 이루어질 수가 있지? 이건 정말 말도 안 돼! 법을 집행하는 사람이 법의 보호를 받아야 할 사람들을 오히려 괴롭힌다면 아무도 경찰을 믿을 수 없을 거야!"

경찰은 시민들의 인권을 보호해야 할 의무가 있어요. 설사 죄를 저지른 사람이라 할지라도 당연히 인권을 보장받을 권리가 있지요. 게다가 이 여학생은 현행범도 아니었고, 단지 용의자일 뿐이었어요. 모든 사람은 재판을 받아 죄의 판결을 받기 전에는 무죄인 것이 법의 원칙이에요. 부천경찰서 소속 경찰 문귀동은 적법한 수사 절차를 따르지 않고 22살의 여성 권인숙을 고문했어요. 용의자의 신체에 고통을 주어 강제로 죄를 자백하게 하는 고문은 민주주의 국가에서는 상상도 할 수 없는 일이에요. 누구보다도 법을 지켜야 하는 경찰이 어린 여성에게 성적인 고문을 가한 것은 그야말로 끔찍한 일이 아닐 수 없었어요.

조영래는 소식을 듣자마자 권인숙에게 달려갔어요.

"이런 일이 대한민국에서 벌어지고 있다는 것은 대한민국에 사는 모든 국민들에게 너무나 위험한 일입니다. 다시는 이런 피해자가 나와서는 안 됩니다."

"저도 그렇게 생각해요. 저와 같은 피해자가 또 나올 수도 있다고 생각하면 그 사람이 불쌍해서 견딜 수가 없어요."

"당신은 정말 용감한 사람이군요. 다시는 당신 같은 피해자가 나오지 않도록 함께 힘을 합쳐 싸웁시다."

"사실은 하루하루가 너무 힘들어요. 자다가도 벌떡 일어날 만큼 고통스럽습니다. 하지만 최선을 다해 변호사님과 싸우겠어요."

권인숙은 수치와 분노에서 헤어 나오기가 힘들었어요. 고문당했던 순간을 떠올리는 것조차 고통스러웠지요. 하지만 권인숙은 더 이

상 자신과 같은 피해자가 나오지 않기를 바랐어요. 그래서 가까스로 용기를 냈죠.

조영래는 경찰 문귀동을 법의 심판대에 세워야 한다고 생각했어요. 그리고 권인숙과 함께 고발장을 작성했어요. 정법회 변호사들도 힘껏 도왔지요. 문귀동은 검찰에 고발되었고, 이 사건은 '부천경찰서 권 양 사건'으로 알려지면서 사회적으로 큰 논란을 불러왔어요.

"그 사건 들었어?"

"권 양 사건 말이지? 어떻게 경찰이 그런 짓을 할 수가 있어!"

"그러게 말이야. 여대생한테 성고문을 하다니, 그게 말이나 되는 일이야!"

"이런 일은 그냥 놔둬서는 안 돼!"

"맞아! 그러다가는 또 다른 피해자들이 줄줄이 생겨날 거야!"

경찰의 야만적인 행동에 국민들은 분노하기 시작했어요.

하지만 당시 검찰은 군사정권의 꼭두각시일 뿐이었어요. 경찰서 성고문에 대한 국민들의 반응이 심상치 않자 검찰은 사건을 조작하고 숨기기로 했지요. 최소한의 양심을 믿었던 국민들에게 검찰의 이런 행동은 실망만 안겨 줬어요.

고문 사건의 수사 결과를 발표하는 자리였어요. 검찰은 가해자인 문귀동에게도 잘못은 있지만 그것은 사소한 폭행에 해당하는 것이라고 말했어요. 그 폭행은 성고문은 아니었으며, 가해자는 이미 경찰을 그만두었기 때문에 처벌할 필요가 없다고 했어요. 그뿐만이 아니었어요. 검찰은 이 사건이 권인숙이 국가를 전복시키기 위해 꾸민 일이라고 했어요. 국가의 명예를 훼손하려는 비열한 행동이라면서 맞고소를 해 오히려 권인숙을 감옥에 가둔 거예요.

"변호사님 어떻게 이런 일이 일어날 수 있죠? 제가 국가의 명예를 더럽혔다니요."

"그러게 말입니다. 법을 집행하는 경찰이 오히려 법을 이용해 고문을 한 죄를 물은 것인데, 어떻게 이렇게 뒤통수를 칠 수가 있는지!"

"사람들은 내가 몹쓸 죄를 저지른 죄인이라고 생각하겠죠? 죄를 지은 문귀동은 보란 듯이 떳떳하게 살아갈 테고요."

조영래와 권인숙은 명백한 사건도 마음대로 조작하는 정부와 검찰의 행동에 기가 막혔어요. 하지만 조영래와 권인숙을 더욱 힘들게 했던 건 따로 있었어요. 그건 바로 언론이었어요.

"이번 일로 검찰도 검찰이지만 기자들에게 너무나 실망했습니다. 펜의 힘이 얼마나 강하고 의로운지 아는 그들이 그런 거짓말을 싣다니요."

"맞아요! 변호사님 말씀처럼 그래도 전 기자들을 조금은 믿고 의지했어요. 억울한 우리의 편이 되어 줄 거라고요. 하지만 그들이 검찰과 다른 게 뭐가 있죠?"

"아마도 어딘가에서 압력을 받은 거겠죠."

"그래도 기자는 외부의 협박에 굽히면 안 되는 거잖아요. 그게 기자의 본분 아닌가요?"

"아마 그들도 언젠가는 자신들의 행동을 스스로 부끄러워할 겁니다."

언론은 철저한 취재를 통해 공정한 사실만을 말해야 할 의무가 있어요. 하지만 당시 언론사들은 대부분 검찰의 수사 결과 발표를 그대로 실으며 오히려 권인숙을 꾸짖었어요. 이러한 언론 보도는 정부가 시킨 보도 지침을 그대로 따른 결과였다는 사실이 나중에 밝혀졌지요. 언론사들 역시 양심을 지키지 못한 거예요.

하지만 양심을 버리는 사람이 있으면 다른 사람의 양심까지 감싸 안는 사람도 있었어요. 당시 천주교의 지도자였던 김수환 추기경은 조영래와 정법회 회원들로부터 권인숙의 사연을 전해 듣고 직접 편지를 써 보냈어요.

친애하는 권 양에게. 무어라고 인사와 위로의 말을 하면 좋을지 모르겠습니다. 양심과 인간성 회복을 위해 용감히 서 있는 권 양을 주님이 은총으로 보살펴 주시리라고 믿고 또 기도합니다.

추기경의 편지는 절망에 빠진 권인숙을 위로해 주었어요. 조영래와 권인숙은 다시 힘을 얻을 수 있었지요. 그뿐만이 아니었어요. 국민 대다수의 존경을 받는 추기경의 편지에 여론이 조금씩 움직이기 시작했어요. 작은 물결은 곧 커다란 파도를 만들었어요. 양심적인

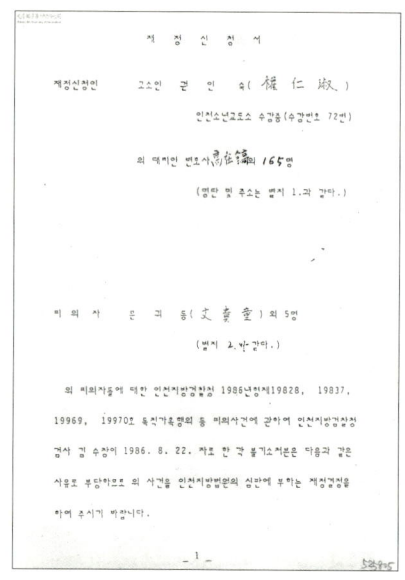

1986년 9월 서울고등법원에 제출된 재정신청서.
166명의 변호사가 권인숙의 대리인으로 나섰어요.

변호사들이 힘을 모으기 시작한 거예요.

"이번 사건은 그냥 넘어가면 안 됩니다."

"그래요. 이런 식으로 일이 해결되면 앞으로 누가 검찰을 믿고, 또 경찰을 믿겠어요!"

"우리라도 나서야 합니다. 법을 잘 아는 우리가 권 양을 도와야 해요."

검찰을 대신해서 문귀동을 처벌해 달라는 재정신청에 참여한 변호사가 무려 166명이나 되었어요. 사법 역사상 최고로 많은 숫자였어요. 이 사건이 얼마나 많은 사람들을 분노하게 했는지 알 수 있지요.

사람들은 사법부가 정의를 실현할 최후의 보루라고 믿었어요. 하지만 그런 믿음과는 달리 재판부는 문귀동을 처벌하지 않았어요. 오히려 피해자인 권인숙을 처벌하기로 결정했어요. 사법부 또한 검찰, 언론과 같이 성고문을 은폐하려는 정부의 압박에 굴복한 것이지요.

조영래의 실망은 이루 말할 수 없었어요. 사법부에 대한 마지막

신뢰가 깨진 거예요. 하지만 조영래는 포기할 수 없었어요. 자신이 할 수 있는 최선을 다하기로 마음먹었어요. 그런 마음은 조영래의 가장 유명한 연설 중 하나로 남게 될 변론문을 탄생시키지요. 조영래는 재판장에 들어가기 직전까지 이 변론문을 고치고 또 고쳤어요.

권 양. 우리가 그 이름을 부르기를 삼가지 않으면 안 되게 된 이 사람은 누구인가? 온 국민이 그 이름은 모르는 채 그 성만으로 알고 있는 이 처녀는 누구인가.

조영래는 울분에 찬 목소리로 권인숙의 무죄를 호소하며, 동시에 사법부의 양심을 비판했어요.

우리는 오늘 우리 사법부의 몰락을 봅니다. 아무리 뼈아프더라도 이 말을 들어 주십시오. 사법부는 그 사명을 스스로 포기한 것입니다. …… 사법부는 한갓 구구한 안일을 구하기 위하여 국민으로부터 위탁받은 막중한 사법권의 존엄을 스스로 저버린 것입니다.

그렇지만 사법부는 문귀동을 풀어 주고 권인숙을 처벌해야 된다는 결론을 바꾸지 않았어요. 이미 그들에게 법적 논리 같은 건 없었어요. 전두환 정권이 결정한 대로 재판 결과가 미리 정해져 있었기 때문이에요. 정부와 검찰은 자신들의 안전을 위해 권인숙을 풀어 줄 수 없었던 거지요. 결국 문귀동은 그대로 풀려나고 권인숙에게는 징역 1년 6개월이라는 판결이 내려졌어요.

하지만 이 판결은 그들의 생각과는 달리 오히려 국민들의 분노를 더욱 키우게 되지요.

"이 판결은 말도 안 돼!"

"사람을 고문한 범죄자를 풀어 주다니, 그런 검찰을 어떻게 믿고 의지할 수가 있어!"

"이런 일이 우리에게 일어나지 말라는 법이 어디 있어."

"맞아! 우리가 이 판결에 승복하면 앞으로도 계속 억울한 사람들이 생겨날 거야."

"나쁜 짓을 한 인간들이 떳떳하게 거리를 활보하는 걸 보고만 있을 수 없어!"

권인숙 사건으로 인해 점점 끓어오르는 국민들의 분노는 민주화를 요구하는 시위로 확대되었어요. 시위 규모가 점차 커지자 전두환 정권은 국민들을 더욱 가혹하게 탄압하기 시작해요. 그 과정에서 서울대학교 학생 박종철이 경찰의 물고문과 폭력으로 목숨을 잃었어요. 대학생이 고문에 희생당하는 일이 또 생기자 사람들은 솟아오르는 화를 누를 수가 없었어요.

거리로 나오는 시민과 학생들의 숫자가 점점 늘어나기 시작했어요. 초조해진 군사정권은 매운 연기를 뿜어내는 최루탄을 발사했어요. 그때 또 한 번 엄청난 사건이 발생해요. 시위에 참여한 연세대학

1987년 1월, 고문으로 숨진 박종철을 추모하기 위해 모인 사람들이 전경과 대치하는 모습.

교 학생 이한열이 경찰이 쏜 최루탄에 맞아 사망한 거예요.

"이렇게 놔두다간 젊은이들을 모두 다 잡게 생겼어."

"그 어린 학생들이 무슨 죄가 있다고 고문당해 죽고, 최루탄을 맞아 죽어야 해!"

"가만있으면 안 돼! 우리 미래는 우리가 지켜야 돼!"

사람들은 더 이상 참을 수가 없었어요. 잇따른 젊은 대학생들의 죽음에 마침내 남녀노소를 가리지 않고 많은 사람들이 군사정권에 반대하며 거리로 나섰어요. 커다란 민심의 파도는 온 나라를 적셨어요. 더 이상 성난 국민들의 민주화 요구를 거스를 수 없었어요. 마침내 1987년 6월 29일, 노태우 대통령 후보는 대통령 직선제를 포함한 국민들의 민주화 요구를 받아들이겠다는 선언을 하게 되지요.

1987년 6월, 명동 거리로 쏟아져 나온 시민들.

부천경찰서 성고문 사건은 국민들에게 당시 정권이 자신들의 권력을 위해서라면 국민의 인권을 아무렇지도 않게 침해하는 야만적 권력이라는 것을 생생하게 알려 주었어. 뒤를 이은 박종철과 이한열의 죽음 또한 마찬가지였지. 나라를 이끌어 갈 젊은 대학생들의 희생에 분노한 국민들은 헌법을 고쳐 대통령 직선제를 시행하고 민주주의를 실현할 것을 요구하며 거리로 나섰단다. 가정주부부터 회사원까지 온 국민이 들고 일어난 거야. 그리고 마침내 정부 여당은 국민들의 대통령 직선제 개헌 요구를 받아들이게 된단다. 국민의 힘으로 민주화를 이루어 낸 이 과정을 '6월 민주항쟁'이라고 부르지.

6월 민주항쟁으로 사회 곳곳에 민주화가 진행되자 그전까지 독재 정권의 눈치만 보던 사법부의 태도도 점차 바뀌었어요. 고문 가해자인 문귀동을 처벌하라는 조영래의 끈질긴 노력도 드디어 빛을 발

법정을 나서는 조영래와 권인숙. 오랜 싸움 끝에 진실이 밝혀졌어요.

하기 시작했어요. 대법원이 마침내 조영래와 변호인단의 재정신청을 받아들여 다시 재판을 열었지요. 권인숙은 석방되고, 가해자인 문귀동은 자신이 저지른 죄의 대가로 징역 5년형을 선고받고 교도소로 보내져요. 사건이 일어난 지 3년 만인 1989년의 일이지요.

이 만행의 진상이 공개되고 그 관련자들을 모조리 처벌하기 전까지는 이 나라의 모든 국민과 산천초목까지도 결코 잠잠하지 않을 것이다.

검찰의 허위 발표에 분노한 조영래와 변호인단은 위와 같이 예언했었지요. 이 예언이 드디어 실현된 거예요. 진실은 일시적으로 가둘 수는 있어도 영원히 감옥에 가두어 둘 수는 없는 법이니까요.

검은 민들레
- 상봉동 진폐증 사건

"우리 힘으로 우리의 권리를 찾았어!"
"이때까지 희생한 수많은 사람들 덕분이죠."
"이제 우리 말에 귀 기울여 줄 사람을 우리 손으로 뽑을 수 있게 됐어요!"

1987년 6월 민주항쟁은 사람들의 마음에 벅찬 미래를 상상하게 만들어 줬어요. 그건 조영래도 마찬가지였어요. 계란으로 바위를 깬다는 말이 실감이 났어요. 도저히 불가능할 것 같았던 일들을 하나 둘씩 이루어 냈으니까요. 조영래는 대통령 직선제가 실현되면 오랜 기간의 군사 독재가 끝날 거라고 생각했어요. 곧 국민들의 자유로운 삶을 보장해 줄 민주 정부가 들어설 거라고 믿었지요. 하지만 현실은 상상처럼 아름답지 않았어요. 서로 협력해서 새로운 정부를 이룰 것이라 믿었던 야당의 두 지도자, 김영삼과 김대중이 분열했기 때문이에요.

"힘을 하나로 모아도 힘들 텐데 이렇게 갈라져서는 안 돼! 어떻게 이뤄 낸 직선제인데……. 이럴 수는 없어!"

그런 상태로 선거를 하면 군사정권의 후계자가 다시 권력을 잡을 것이 뻔했지요. 답답해진 조영래는 자신이 할 수 있는 일을 하기로 했어요. 두 사람을 하나로 뭉치게 하는 대통령 후보 단일화 운동을 펼친 거예요. 조영래는 사람의 마음을 감동시키는 필력을 가진 사람이었지요. 그는 한겨레, 동아일보 같은 언론 매체에 대통령 후보 단일화를 요구하는 글을 발표했어요. 뿐만 아니라 단식 농성까지 감행했어요. 두 사람이 분열해서는 대통령 선거에서 결코 이길 수 없다고 생각했기 때문이에요. 그러나 조영래와 여러 사람들의 노력에도 불구하고 두 사람은 끝내 뭉치지 못했어요. 결국 1987년 겨울에 치러진 대통령 선거에서 군사정권의 후계자인 노태우가 다시 대통령으로 당선되고 말지요.

대통령 취임식에서 손을 흔드는 노태우 당선자와 전두환.

"사람들의 노력과 희생으로 얻은 직선제인데 군사정권의 후계자가 대통령이 되었군. 어쩌다 이런 일이 일어난 걸까."

조영래는 선거 결과에 크게 실망했어요. 하지만 그것도 잠시뿐이었어요. 아무리 실망이 커도 자신이 할 수 있는 일을 결코 멈추지 않았지요.

"그래! 선거 결과는 마음 아프지만 우리는 직선제를 이뤄 냈어.

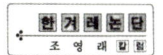

신문에 기고한 칼럼. 조영래는 날카로운 시각으로 우리 사회의 여러 가지 문제를 비판했어요.

이때까지 별별 일을 다 겪고 무수히 넘어졌지만 다시 일어났잖아. 한 번 실망했다고 포기하면 안 돼. 난 내 일에 최선을 다하는 거야. 나를 필요로 하는 사람들은 아직도 많으니까."

조영래는 다시 힘을 냈어요. 진정한 민주화를 이루기 위해 자신이 할 수 있는 것들을 하나하나 시작했지요. 조영래는 1988년 국회 언론 청문회에 나가 전두환이 나라의 권력을 장악하기 위해 강제적으로 집행했던 '언론통폐합'에 대해 비판했어요. 또 텔레비전 토론 프로그램에 출연해 지난 전두환 군사정권의 비리에 대해 제대로 수사를 해야 한다고 정부, 검찰, 경찰을 향해 강력하게 질책하기도 했지요. 신문과 잡지에도 꾸준히 글을 기고했고요.

그러는 동안에도 여전히 많은 사람들이 조영래의 도움을 필요로 하고 있었어요. 16살의 나이에 맨몸으로 서울에 올라와 열심히 일만 한 박길래 아주머니도 그런 사람 중 하나였어요. 아주머니는 20년 동안 성실하게 일해서 상봉동에 간신히 집을 하나 장만했어요. 공장 일부터 식당 일까지 안 해 본 일이 없을 정도로 온갖 고생을 한 끝에 마련한 집이었죠.

"드디어 나도 내 집이 생겼어. 이제 주인 집 눈치 보며 살 필요도 없어. 정말 고생 끝에 낙이 온다는 말이 맞나 봐!"

박길래 아주머니는 꿈속에서도 바라던 집이 생기자 이제 행복하게 살 수 있을 거라 믿었어요. 그렇게 상봉동에 산 지 3년이 지난 무렵이었어요. 아주머니는 아무런 이유 없이 기침이 잦아지고 온몸이 피곤해졌어요.

"쿨럭. 쿨럭. 요즘 왜 이렇게 기침이 나오지. 몸은 또 왜 이렇게 무거운 걸까. 감기라도 걸린 건가? 푹 쉬면 나아지겠지……."

처음에는 일시적인 증상이라 생각하고 그냥 참았어요. 하지만 통증은 점점 심해졌죠. 도저히 참을 수 없게 된 아주머니는 병원을 찾아갔어요. 그리고 검사 결과 폐결핵이라는 진단을 받았어요. 상상도 못했던 병이었지요. 아주머니는 열심히 치료했지만 결핵약을 먹어도 몸은 좀처럼 나아지지 않았어요.

"뭐가 잘못된 걸까. 병원에서 하라는 대로 하고, 치료도 빼먹지 않는데 왜 내 몸이 낫지 않는 거지?"

    박길래 아주머니의 병명이 확실히 밝혀진 건 그로부터 4년이 지난 뒤였어요. 광산에서 오랫동안 일한 노동자들이 걸리는 진폐증이 그 정체였어요. 탄가루가 사람의 폐에 오랫동안 쌓여서 생기는 진폐증은 치료약이 없는 불치병이었지요.

    "진폐증? 그건 광부들이 걸리는 병 아닌가? 내가 왜 그런 병에 걸린 거야? 난 탄광이 어떻게 생겼는지도 모르는데!"

    아주머니는 도무지 이해할 수 없었어요. 평생 탄광 근처에도 가 본 적 없는 자신에게 왜 이런 일이 일어났는지 야속하기만 했어요.

자신에게 닥친 불행을 원망하며 고통을 견딜 뿐이었지요.

"치료비가 너무 많이 들어. 어떻게 장만한 집인데 이렇게 병원비로 다 날려 버리다니, 난 이제 무슨 낙으로 살까."

고생 끝에 마련한 상봉동 집도 팔 수밖에 없었어요. 4년 동안이나 병원을 다녀야 했기 때문이에요.

박길래 아주머니의 고통은 우연한 기회에 세상에 알려지기 시작했어요. 의학 전문 잡지에 조그맣게 실린 아주머니의 사례를 보고 한 신문기자가 수상하게 여긴 거예요.

"이건 아무리 봐도 이상해. 탄광 근처엔 가 본 적도 없는 사람이 어떻게 진폐증에 걸리지? 세상에 원인이 없는 결과는 없어. 분명히 뭔가 이유가 있을 거야."

기자는 아주머니의 병에 대해 집중 조사를 했어요. 그리고 드디어 그 이유를 알게 되었지요. 1988년 1월, 기자는 자신이 취재한 사실을 신문에 대서특필했어요.

연탄 공장 부근 탄가루 공해, 주민 진폐증 첫 발견

"그 기사 봤나? 세상에, 멀쩡한 사람이 진폐증에 걸렸더군."
"그러게, 광부도 아닌데 그런 병에 걸리다니 어떻게 그럴 수가 있나?"
"내 말이 그 말이에요. 집 근처에 연탄 공장이 있었을 뿐이잖아요. 그깟 가루 마시면 얼마나 마신다고 그런 병이 걸린대요?"
"나도 이때까지 몰랐는데 그게 무시할 정도가 아니라네요."
"네, 저도 깜짝 놀랐어요. 공장 잘 돌아가면 취직 많이 되고 돈만 벌리는 줄 알았지, 거기서 나오는 게 사람 상하게 할 줄 알았나요?"

이 소식은 우리 사회를 깜짝 놀라게 했어요. 그전까지 사람들은 환경의 중요성을 잘 몰랐거든요. 마을 가까운 공장에서 매연이 뿌옇게 올라와도 그게 나쁜 건지 몰랐던 거죠. 그저 나라의 산업을 살찌우는 것이라고만 생각하던 시절이었죠.

"이 병이 내가 잘못해서 걸린 게 아니었어? 다 저 연탄 공장 때문이었다는 거야?"

이제까지 자기를 괴롭혀 온 병이 연탄 공장 때문이란 소리를 들은 아주머니는 깜짝 놀랐어요.

"내가 이 병 때문에 얼마나 고생을 했는데! 뼈가 닳도록 고생해서 산 집도 병원비 때문에 팔아먹었는데, 너무 억울해!"

아주머니는 고통스러웠던 지난 시간을 보상받고 싶었어요. 당연한 마음이었지요. 하지만 아주머니는 큰 기업이었던 연탄 공장과 소송을 할 자신이 없었어요. 복잡한 법적 절차도 두려웠어요. 오랜 병치레로 체력과 돈이 바닥나 있었거든요.

"기자 양반, 나 좀 도와줘요. 나 이대로는 분해서 잠도 못 자겠어. 내가 잘못한 일이라면 그 죄 달게 받겠어요. 하지만 이건 아니잖아. 난 그저 연탄 공장 근처에 산 것밖에 없어요. 그것도 죄인가?"

"저도 알죠. 아주머니 입장이면 누군들 안 억울하겠어요. 분명 무슨 방법이 있을 거예요. 함께 생각해 봐요."

아주머니의 호소에 기자도 함께 아파했어요. 하지만 뾰족한 수가 있었던 건 아니었죠. 그때였어요. 기자의 머릿속에 한 사람이 떠올랐어요. 망원동 수재 사건에서 힘없는 사람들의 편이 되어 국가를 상대로 손해 배상을 받아 낸 사람! 바로 조영래였어요.

"아주머니! 아주머니를 도와줄 사람이 있을 것 같아요. 그 사람은 돈 없고 힘없는 사람을 위해서 변호를 해 주는 사람이에요."

"세상에 그런 사람이 있어요? 나 같은 사람 도와주라고 하늘이 내린 사람인가 보네요."

기자는 즉시 아주머니와 함께 조영래가 일하는 변호사 사무실로 찾아갔어요.

조영래는 박길래 아주머니의 사연을 듣자마자 한 치의 망설임도 없이 바로 일을 맡겠다고 했어요. 물론 돈이 없는 아주머니를 위해 무료로 변호를 하겠다고 했지요.

"그동안 얼마나 고생하셨어요. 이제 걱정 마세요. 제가 힘닿는 데까지 돕겠습니다."

"그것 보세요, 아주머니. 조영래 변호사라면 이렇게 나서 줄지 알았다니까요!"

"그러게요. 세상에 진짜 이런 분이 있네요. 사람이 억울하라는 법만 있는 게 아닌가 봐요. 고마워서 어떻게 해요."

박길래 아주머니의 변호에 나선 조영래는 밤을 새며 법을 연구했어요. 법은 정말 방대하고 거대했어요. 그 거대한 법의 세계에 분명 아주머니를 도울 부분이 있다고 믿었지요. 그래서 평소에 그냥 지나쳤던 사실도 유심히 살피며, 아주머니와 같은 처지에 놓은 사람들을 구제할 방법을 연구했어요. 그리고 딱 필요한 제도를 찾아냈지요.

"그래, 이거야! 이거면 아주머니를 도울 수 있어! 아주머니뿐 아니라 다른 사람에게도 도움이 될 거야!"

조영래는 곧바로 국가가 박길래 아주머니의 소송을 도와줄 것을 법원에 신청했어요. 아주머니가 병을 치료하느라 재산을 다 써 버린 점을 이유로 들었지요. 우리나라 법에는 가난한 사람들이 소송을 할 때 국가가 그 비용을 돕는 제도가 있어요. 바로 소송 구조 제도예요. 대부분의 사람들이 그런 제도가 있는지도 모르고 소송을 포기하는 경우가 많았지요. 법원도 사상 최초로 소송 구조 신청을 받아들였어요. 그 뒤로 비슷한 처지에 놓인 사람들이 소송을 할 때면 이 제도를 많이 활용했어요.

재판은 생각처럼 쉽지 않았어요. 심증은 있는데 확증이 없었기 때문이지요. 아주머니의 병이 연탄 공장 때문인 건 맞는 것 같은데 확실한 증거를 찾을 수 없었어요. 그뿐만이 아니었어요. 아주머니를 괴롭히는 일이 또 있었어요.

"아주머니, 저희가 섭섭하지 않게 위로금을 줄 테니 소송은 그만하시죠."

연탄 공장에서 위로금을 줄 테니 소송을 포기하라고 설득을 시작한 거예요. 하지만 아주머니는 그런 위로금으로 자신이 잃은 것들이 돌아오지 않는다고 생각했어요. 그래서 공장 쪽의 말에 귀도 기울이지 않았죠. 한편 동네 주민들도 아주머니를 괴롭게 했어요.

"아주머니 혼자 피해자예요? 왜 동네 망신스럽게 소송을 하고 그래요?"

"당신 때문에 이 동네 집값 떨어지면 책임질 거요?"

"다른 사람은 말짱한데 왜 아주머니 혼자 병이 들어요? 그거 이상한 거 아니에요?"

"만약 아주머니가 소송에서 이기면, 누가 이 동네로 이사 오겠어요······."

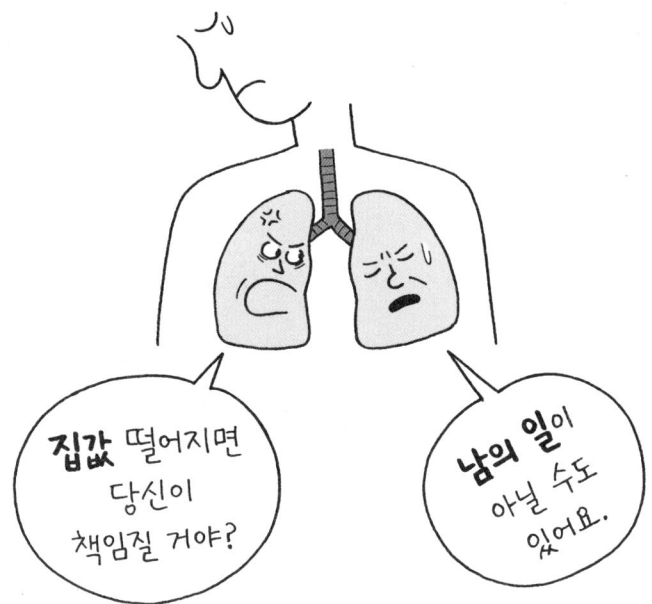

"맞아요! 그럼 댁이 이 동네 집들 다 사요. 책임을 져야 할 거 아니에요!"

사람들은 소송 때문에 집값이 떨어지니 아주머니에게 그만 좀 하라고 했어요. 피해를 입은 아주머니를 이해하려 하지 않고 자신들에게 피해가 올 것만 걱정했던 거예요. 하지만 조영래와 아주머니는 소송을 포기할 수 없었어요. 이대로 그만둔다면 아주머니 말고 또 다른 희생자가 나올 것이 확실했거든요.

"아주머니, 사람들 말에 상처 입지 마세요. 지금은 당장 자기 앞에 떨어진 불이 아니니까 저렇게들 이야기하겠죠. 하지만 지금 우리가 이 소송을 계속하는 게 동네 사람들을 위해서도 필요합니다. 지금

병들지 않았다고 앞으로도 괜찮으리라는 보장은 없으니까요."

"맞아요, 변호사님. 전 포기하지 않아요. 나를 위해 변호사님이 아무 대가도 없이 힘써 주었듯, 나도 지금 날 욕하는 사람들을 위해 노력할 겁니다. 언젠가 저 사람들도 내 마음을 알아 주겠죠."

아주머니는 자신과 같은 사람이 또다시 나와서는 안 된다는 마음으로 싸움을 끝까지 포기하지 않았어요.

어느 날, 인도주의를 실천하는 의사들의 모임과 환경 문제를 연구하는 시민 단체에서 조영래를 찾아왔어요. 그들은 조영래와 박길래 아주머니를 돕고 싶다고 했어요.

"소식을 듣고 우리가 할 수 있는 게 있을 것 같아 찾아왔습니다."

"지금은 병의 원인이 근처 연탄 공장이라는 증거가 확실하지 않지만, 우리가 나서서 조사해 보면 분명 다른 피해자도 찾을 수 있을 겁니다."

"아주머니의 병이 이 정도로 진행된 걸 보면, 다른 주민 중에도 분명 병에 걸린 이가 있을 거예요. 그걸 찾다 보면 공장 쪽의 과실을 증명할 수 있을 겁니다."

의사들과 시민 단체 활동가들은 석 달에 거쳐 연탄 공장 주변 주민들의 폐를 조사했어요. 그리고 그 결과 진폐증에 걸린 환자를 8명이나 찾아냈어요. 마침내 진폐증이 연탄 공장에서 비롯했다는 확증을 잡은 거예요.

지금은 없어진 서울시 상봉동의 연탄 공장과 주변 모습. 공장 매연은 한 사람의 꿈과 인생을 송두리째 빼앗았어요.

조영래는 법정에서, 국민은 깨끗한 환경에서 살아갈 권리가 있다는 논리를 펼쳤어요. 연탄 공장이 고용한 변호사들은 그에 맞서 자신들의 의견을 늘어놓았지만 조영래는 그 모든 것을 논리적으로 반박했지요. 1년이 넘는 법정 공방 끝에 1989년 1월 마침내 재판부는 조영래와 박길래의 손을 들어 주었어요.

이건 굉장히 소중한 승리였어요. 한국에서 사상 최초로 환경권이 국민의 기본권으로 법정에서 인정받은 쾌거였지요. 이 소송은 국민의 기본권과 환경의 중요성을 깨닫게 해 준 한편 중요한 계기도 만들어 주었어요.

"이번 사건은 혼자서는 불가능했을 겁니다. 하지만 함께 모여 서로 부족한 부분을 보완하다 보니 어느새 큰일도 해낼 수 있었습니다. 앞으로는 공동으로 단체를 만들어 활동합시다."

"좋은 생각입니다. 함께한다면 이때까지 엄두도 내지 못했던 여러 가지 일들을 해결할 수 있을 겁니다!"

각자 흩어져 활동하던 환경 운동가들이 한데 모여 협력하고 공동으로 행동하는 데 영향을 준 거예요. 환경 단체가 본격적으로 생겨나고 활발하게 활동하기 시작한 것도 이 무렵부터지요.

상봉동 진폐증 소송 재판의 승리가 가지는 중요한 의미는 국민이 안전하고 깨끗한 환경에서 살아가야 한다는 권리를 현실로 인정받은 점이야. 오염된 환경이 사람의 건강에 얼마나 나쁜 영향을 주는지 많은 사람들이 알게 된 거지. 그전까지는 공장이 자기 소유의 땅에서 공해 물질을 배출해도 주변 사람들이 마땅히 항의할 수 있는 방법이 없었어. 하지만 이 사건 이후, 공해 물질로부터 피해를 받은 사람들이 소송을 할 수 있는 길이 열린 것은 물론 각 지역의 환경 운동이 더욱 활발해졌지.

재판은 이겼지만, 박길래 아주머니의 건강은 다시 돌아오지 못했어요. 하지만 아주머니는 실망하지 않고 남은 삶을 환경 운동가로 살

박길래 아주머니의 소송은 우리 사회에 환경권의 의미를 일깨웠어요.

아갔지요.

"난 이번 일을 겪으면서 환경이 얼마나 소중한 것인지, 얼마나 직접적으로 사람에게 영향을 끼치는 것인지 알게 되었어요. 내가 받았던 피해를 알리고, 내가 받았던 도움을 다시 사람들에게 나눠 주고 싶어요. 내가 할 수 있는 일이 있다면 뭐든지 할 겁니다."

환경 관련 행사가 열리는 곳이면 박길래 아주머니는 어디든 마다하지 않고 찾아가 환경의 소중함을 알렸어요. 아픈 몸을 이끌고 무려 11년 동안이나 환경 운동에 매진했죠. 그리고 2000년, 아주머니는 마침내 힘든 생을 마치고 눈을 감았어요.

사람들은 그런 박길래 아주머니를 '검은 민들레'라고 불렀어요. 민들레는 자신의 홀씨를 날려 세상 곳곳에 씨앗을 뿌리는 꽃이에요. 까맣게 탄 폐를 부여잡고 환경의 중요성을 온몸으로 세상에 알린 박길래 아주머니를 추모하며 부른 별명이지요.

4. 마지막 나날들

미국에서 만난 인권

조영래는 우리나라 현대사에서 커다란 의미를 지니는 수많은 재판에 함께했어요. 그가 맡은 소송들은 국민들의 권리에 중대한 영향을 주는 판결을 만들어 내곤 했지요. 하지만 조영래가 해낸 일은 소송이나 변호 외에도 많았어요.

대표적인 것이 대한변호사협회(변협)의 인권위원 자격으로 발표한 〈인권보고서〉예요. 부천경찰서 성고문 사건에 관련된 기록들을 중심으로 군사정권이 저지른 인권 탄압에 대한 기록들을 모은 이 보고서는 변협에서 최초로 발간한 우리나라 인권 상황에 관한 보고서지요. 그 이후로 변협은 해마다 한 차례씩 인권보고서를 발표함으로써 사회정의 실현을 위한 정책 감시 역할을 톡톡히 하게 되었어요. 국내의 인권 침해 요소를

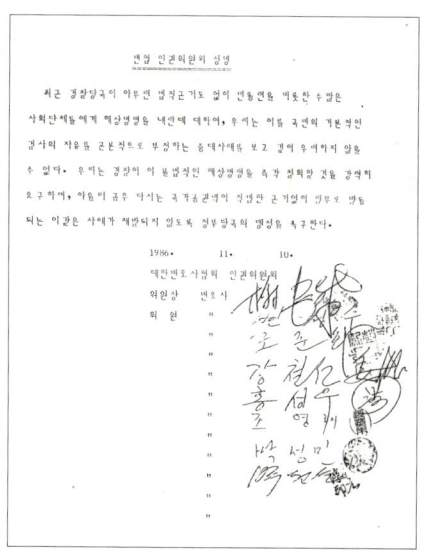

변협 인권위원회의 성명서. 조영래 변호사 외에도 홍성우, 박원순 등 당시 인권 변호사로 활동한 이들의 이름을 볼 수 있어요.

지속적으로 감시하는 변협의 인권보고서 발간 활동은 지금까지도 계속되고 있어요.

조영래는 언론 매체에 끊임없이 글을 발표하여 정부를 감시하고 잘못된 행동들을 비판했어요. 국민의 사상의 자유를 지나치게 제한하는 국가보안법을 비판한 것은 물론, 장기표와 같은 민주화 운동 양심수들의 석방을 주장했어요. 또 전두환과 그의 아내 이순자의 비리에 대해 엄정한 처벌을 요구했어요.

조영래의 날카로운 눈은 세상의 잘못된 부분들을 결코 지나치지 않았어요. 학생 시절부터 지녔던 정의로운 사회에 대한 갈망이 하나도 변하지 않았죠.

오랜 시간을 치열하게 달려온 탓일까요? 어느 순간 조영래의 마음속에 피곤함이 밀려들었어요. 무엇을 해도 집중이 잘 되지 않았죠. 예전 같으면 열정을 가지고 뛰어들어야 할 사건도 손에 잡히지 않았어요. 불합리한 사회 구조와 제도를 바꾸기 위해 그렇게 열심히 살았는데, 세상에는 여전히 어려운 처지의 사람들이 많았어요.

그것만이 아니에요. 오랜 시간을 민주화 운동에 헌신했지만 아직도 우리나라는 군사정권의 후계자가 정권을 잡고 있는 상황이었어요. 조영래 마음 한쪽은 언제나 허탈했죠. 그래서일까요. 조영래는 몸에 나쁜 담배를 계속해서 물고 있었어요.

"그 담배 좀 그만 피우면 안 돼요?"

피고인들과 법정으로 나서는 조영래. 1987년 언론을 통제하려는 정부의 '보도지침'을 폭로한 언론인들을 변호했습니다.

"이거라도 물고 있어야 덜 답답해. 요즘은 다시 계란으로 바위를 치는 기분이야. 언젠가 단단한 바위가 깨질 거라는 걸 지금도 믿고 있지만, 그 긴 시간이 사람을 힘들게 하네……."

"그 마음을 왜 모르겠습니까. 하지만 걱정이 돼서 하는 말입니다. 제발 몸 생각도 하세요. 그러다가 탈 날까 걱정입니다."

변호사 사무실 사람들은 지금까지 조영래가 어떻게 살아왔는지 바로 옆에서 봐 왔던 이들이에요. 그들은 조영래의 속마음을 누구보다 잘 짐작하고 있었지요. 그렇기에 그를 말리지 못했어요.

조영래의 마음은 지나온 자기 삶에 대한 생각으로 복잡했어요.

어렸을 때부터 지금에 오기까지 여러 가지 많은 사건이 있었죠. 단 한 번도 돈이나 개인의 성공을 위해 한눈팔지 않고 달려온 삶이었어요. 하지만 아직도 세상에는 수많은 문제들이 존재했고 앞으로 나갈 길은 험난하기만 했어요.

그때 마침 미국의 컬럼비아 대학에서 조영래를 초청했어요. 인권 문제를 함께 공부하자는 것이었죠. 뜻밖의 연락에 조영래는 잠시 마음을 정리하는 것도 나쁘지 않다고 생각했어요.

"그래, 어쩌면 이번 기회에 생각을 정리하고 새로 시작하는 게 좋을지도 몰라. 어쩌면 미국에서 공부하는 동안 지금까지 생각지 못했던 것들을 발견하고 깨달을 수 있을 수도 있어. 지금 난 너무 지쳐있어. 이대로 주저앉을 수는 없어."

조영래는 미국으로 가기로 마음먹었지요. 유학을 가는 것이 아니라 마치 서둘러 망명이라도 떠나는 모습이었어요.

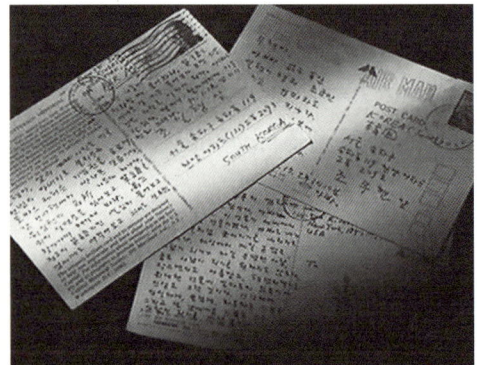

아들과 함께한 사진과 미국에 머물며 아이들에게 쓴 엽서.

1990년 1월 미국에 도착한 조영래는 각 지역의 대학과 인권 단체를 찾아다니며 새로운 경험을 했어요. 아직 인권 감수성이 발달하지 않은 우리나라 정서에 견주면 매우 낯선 분위기였지요. 낙태에 대한 관점이나 성 소수자에 대한 인권 논의는 한국에서는 상상조차 할 수 없던 문제들이었어요. 조영래는 그런 문제들이 활발하게 토론되는 것을 보고 충격을 받았어요.

"세상에, 이렇게 자유로울 수가! 우리나라에서는 꺼내지도 못할 이야기들이야. 앞으로 우리가 헤쳐 가야 할 길이 멀게만 느껴지는군."

그렇게 공부를 하는 동안 조영래는 한국에 있는 가족에 대한 그리움이 커졌어요. 오랫동안 떨어져 있어서 그런지 그 어느 때보다 가족이 애틋하게 느껴졌지요.

"아내와 아이들이 보고 싶어. 이제야 알겠어. 가족이 나에게 얼마나 큰 힘이고 위로인지 말이야."

당시 두 아들에게 보낸 편지를 보면 가족을 사랑하는 조영래의 마음이 잘 느껴져요.

아빠는 네가 이 건물처럼 높아지기를 바라지 않는다. 작으면서도 아름답고, 평범하면서도 위대한 건물이 얼마든지 있듯이 인생도 그런 것이다. 건강하게, 성실하게, 즐겁게, 하루하루 기쁨을 느끼고 또 남에게 기쁨을 주는, 그런 사람이 되기를 바랄 뿐이다.

떠나간 자리

마침내 5개월간의 미국 유학을 마친 조영래가 한국에 돌아왔어요. 그런데 그를 맞이한 부인은 깜짝 놀랐어요. 조영래 입에서 기침과 가래가 계속해서 나왔거든요. 한 번도 보지 못한 모습이었어요.

"당신 왜 이렇게 기침을 해요. 가래가 끝없이 나오잖아요. 감기에 걸린 것도 아닌데 왜 이러는 거예요!"

"평생 일만 하던 사람이 일도 안 하고 돌아다니니, 얼른 일하라고 그러나 보지. 너무 걱정하지 마요. 별일이야 있겠어요."

"무슨 소리예요! 당장 병원부터 가요. 이렇게 되도록 내버려 두다니, 당신이란 사람도 참 너무하군요."

"괜찮아요. 그냥 푹 쉬면 나을 거예요."

"안 돼요! 당장 병원부터 가요. 작은 병도 키우면 큰 병이 되는 거라고요."

가족들은 병원에 가지 않겠다고 버티는 조영래를 간신히 병원에 데리고 갔어요. 그리고 병원에서 충격적인 소리를 듣게 돼요.

"폐암 3기입니다."

모두가 귀를 의심했지요. 지금까지 힘없고 약한 사람들의 아픔을 감싸 주며 살아왔던 사람에게 너무나 가혹한 선고였어요.

　그때부터 시작된 항암 치료는 언제나 강인하면서도 사람 좋게 웃던 조영래의 표정을 가져가 버렸어요. 몸속에 퍼진 암세포들은 그를 끊임없이 괴롭혔어요. 독한 항암 약과 방사선 치료도 고통스러웠지요. 하지만 조영래는 실망하지 않았어요.

　사람은 태어나면 누구나 죽는 것이니 아쉽지 않다. 다만 어떻게 살았는가가 중요하다.

　그가 믿는 신념이었어요. 그의 신념대로 조영래는 누구보다도 열심히 살아온 사람이었어요. 그러니 병도 그의 마음을 무너뜨리지는 못했지요.

더 이상 치료가 필요 없게 되었어요. 병이 너무 퍼져 버렸기 때문이에요. 조영래는 병원을 떠나, 어린 시절 깨달음을 얻었던 절에 머물기로 했어요.

"절로 가야겠어. 나에게 처음으로, 세상과 다른 사람에 대한 소중함을 가르쳐 준 곳으로 가고 싶어."

그곳에서 조영래는 힘든 몸을 이끌고 스님들과 함께 참선을 하며 생의 마지막 시간을 보냈어요. 그리고 얼마 후 서울로 돌아와 마흔셋의 나이로 조용히 눈을 감았습니다. 1990년 12월의 일입니다.

조영래가 세상을 떠나자 그를 사랑했던 사람들이 모여 그의 죽음을 슬퍼했어요. 어떤 사람은 얼굴이 다 젖도록 울고, 어떤 사람은 이를 악물고 눈물을 참았죠. 조영래가 얼마나 이 사회에 필요하고 모두에게 소중했던 사람인지 알았기에 슬픔이 더욱 컸어요.

그는 사람 위에 서 있는 법이 아니라 사람을 위한 법을 다양한 사례를 통해 증명해 낸 진정한 법조인이었죠. 그를 아끼던 사람들이 입을 모아 말한 것처럼, 조영래는 힘없고 작은 것들의 소중함을 아는 사람이었어요. 또한 시대의 어둠 속에서 정의가 무엇인지 명쾌하게 말할 수 있는 사람이었지요.

조영래를 떠나보내며 그를 아꼈던 많은 사람들이 추도사를 남겼어요. 정법회에서 활동했던 동료였으며, 나중에는 '조영래를 추모하는 모임'의 대표를 맡게 되는 홍성우 변호사는 이렇게 말했어요.

영결식에는 많은 사람들이 모여 그의 죽음을 슬퍼했습니다.

조영래. 보석처럼 빛났던 이름. …… 조영래가 가는 곳만 따라다니면 그곳에 진실이 있었고, 정의가 있었고, 승리가 있었습니다.

오승근 변호사는 조영래에 대해 이렇게 말했습니다.

당신은 언제나 정의의 편이었고, 가난한 자, 억눌린 자, 갇힌 자의 벗이었습니다. 당신의 정열과 성실성, 당신의 인격과 생활 그 자체가 이 시대 양심적 삶을 살아가는 지식인의 귀감이요, 사표이었습니다.

2015년 열린 25주기 추모 행사. 조영래를 그리워하는 사람들이 그의 흉상과 함께하고 있습니다.

　보수적 성향을 지닌 언론인 조갑제도 조영래에 대해서 유명한 말을 남겼습니다.

　우리의 조영래는 억울한 사람들이 제일 먼저 떠올리는 이름이 되었다. 그가 바로 '법을 배운 전태일'이었다.

　대학 시절 친구이자 학생운동 동지였으며, 현재까지도 정치인으로 활동하고 있는 장기표도 조영래를 무척 그리워했지요.

　역사적 전환점이 될 만한 대사건에는 반드시 당신의 탁월한 능력이 발휘되었지요. 사실 나는 당신이 주도하는 일을 함께하는 것만으로도 엄청난 기쁨과 보람을 누렸습니다.

부천 성고문 사건의 피해자 권 양, 여성 인권 운동가이자 여성학자가 된 권인숙은 이렇게 말했습니다.

진실로 제 사건이 이 땅의 민주화를 위해서 한 일이 있다면 그것은 모두 변호사님 차지입니다.

조영래의 삶이 우리에게 준 것들

조영래 변호사가 세상을 뜬 지 9년이 지났을 때였어요. 사법연수원의 한 강의실에서는 '가장 바람직한 법조인은 누구일까'라는 설문 조사를 했어요. 그날 사법연수생들에게 가장 많은 표를 얻은 사람은 바로 조영래 변호사였어요. 언젠가 서울대학교 법과 대학생들에게 가장 닮고 싶은 사람이 누구냐고 질문했을 때도 1위를 차지한 사람은 조영래 변호사였지요. 그뿐인가요? 지금까지도 법대생이나 법조인들 사이에서 가장 존경하는 인물을 꼽으라면 항상 손가락 안에 들어가는 사람이 조영래 변호사예요. 조영래 변호사가 세상을 떠난 뒤 많은 시간이 흘렀는데도 사람들은 여전히 그를 기억하고 그리워하고 있어요. 그 이유는 무엇일까요?

조영래 변호사는 전국에서 가장 공부를 잘하는 사람이었어요. 서울대학교를 수석으로 입학했고, 독재 정치에 반대하는 학생운동을 하면서도 그 어렵다는 사법 시험에 한 번에 합격했지요. 조영래 변호사는 자신이 마음만 먹으면 얼마든지 남들보다 편하고 행복하게 살 수 있었을 거예요.

하지만 그는 그러지 않았지요. 조영래 변호사가 공부를 열심히 한 진짜 이유는 혼자만 잘 먹고 잘 살기 위해서가 아니었거든요. 그는 모든 사람이 행복하게 살아갈 수 있는 방법을 찾고 싶었어요.

　　조영래 변호사의 시선은 항상 사회에서 소외되어 힘없고 약한 사람들을 향해 있었어요. 그때까지 누구도 신경 쓰지 않았던 여성과 노동자, 수재민, 환경 오염 피해자들의 인권을 처음으로 살핀 것도 그래서였어요. 조영래 변호사의 활약 덕분에, 많은 사람들이 모든 사람은 평등하게 행복한 삶을 살아갈 권리가 있다는 것을 깨닫게 됐답니다.

　　조영래 변호사 하면 빼놓을 수 없는 게 또 있습니다. 바로 사람의 마음을 감동시키고 움직이는 글이에요. 그는 글을 매우 잘 쓰는 사람이었어요. 조영래 변호사가 담당한 재판의 변론문은 인권에 대한 획기적인 내용을 담고 있는 경우가 많았어요. 그래서 조영래 변호사의 변론문은 특정 사건에 대한 변론에 한정되지 않고 인권에 대한 '권리장전'이라는 극찬을 받으며, 많은 학자들의 연구 대상이 되었어요. 특히 조영래 변호사가 쓴 《전태일 평전》은 이전까지 한국의 역사에서 철저히 배제되었던 한 사람의 사상과 행적을 최초로 다룸으로써, 가난하고 제대로 배우지 못한 노동자라 할지라도 그 마음은 누구보다도 고결할 수 있으며 사람은 누구나 자신의 자리에서 역사 발전의 주인공이 될 수 있다는 사실을 사람들에게 확인시키기도 했지요.

　　평생을 걸고, 자신이 할 수 있는 최선을 다해, 힘없고 약한 사람들의 곁에서 그들의 말을 대신해 준 사람. 아무도 도와주지 않고 모두가 모른 척하는 일을 당한 사람을 스스로 찾아가 도운 사람. 억울한 일을 겪은 사람들이 제일 먼저 떠올리는 바로 그 사람. 전태일의 어머니 이소선 여사가 '세상에서 가장 아름다운 사람'이라고 말한 그 사람이 바로 조영래 변호사지요. 지금까지 그가 우리들의 기억 속에 아름답게 남아 있는 이유를 알겠지요?

린이를 위한 새로운 **인물 돋보기**
겨레 인물탐구

김구 아름다운 나라를 꿈꾸다
청년백범 글 ㅣ 박시백 그림

간디 폭력을 감싸 안은 비폭력
카트린 하네만 글 ㅣ 우베 마이어 그림 ㅣ 김지선 옮김

다윈 세상을 뒤흔든 놀라운 발견
카트린 하네만 글 ㅣ 우베 마이어 그림 ㅣ 김지선 옮김

마틴 루터 킹 검은 예수의 꿈
카트린 하네만 글 ㅣ 우베 마이어 그림 ㅣ 김지선 옮김

전태일 불꽃이 된 노동자
오도엽 글 ㅣ 이상규 그림

제인 구달 침팬지의 용감한 친구
카트린 하네만 글 ㅣ 우베 마이어 그림 ㅣ 윤혜정 옮김

윤동주 별을 노래하는 마음
정지원 글 ㅣ 임소희 그림

린드그렌 삐삐 롱스타킹의 탄생
카트린 하네만 글 ㅣ 우베 마이어 그림 ㅣ 윤혜정 옮김

공병우 한글을 사랑한 괴짜 의사
김은식 글 ㅣ 이상규 그림

체 게바라 불가능을 꿈꾼 혁명가
오도엽 글 ㅣ 이상규 그림

김대중 행동하는 양심
손홍규 글 ㅣ 김홍모 그림

헬렌 켈러 세상을 밝힌 작은 거인
윤해윤 글 ㅣ 원혜진 그림

방정환 어린이 세상을 꿈꾸다
오진원 글 ㅣ 김금숙 그림

나옵니다.

사진 제공
민주화운동기념사업회 19, 36, 43(왼쪽), 50, 61, 69, 90, 93, 94, 109, 115, 117, 123쪽
연합뉴스 83, 96, 124쪽
조선일보 26, 38쪽
동아일보 40쪽
환경운동연합 111쪽
도서출판 돌베개 43쪽(오른쪽)